約瑟與他的兄弟們

一個關於愛、妒……事

STEPHEN MITCHELL

史帝芬・米歇爾——著

沈曉鈺——譯

JOSEPH AND THE WAY OF FORGIVENESS

A BIBLICAL TALE RETOLD

各界讚譽

這是一個兄弟之間與父子間的故事。是一個大故事包著許多小故事的故事。是一個人的故事，也是一個家族、一個時代的故事。情節上下起伏不亞於連續劇。有主題、子題、伏筆，也有懸疑與另人驚訝的結局。

聖經故事的魅力，就像此書，可以還原聖經現場，將聖經中的平面敘述化為立體呈現，讓讀者身臨其境，進入熟知或未知的故事，開始一段嶄新的體驗。

聖經文學也提供一面鏡子，讓人窺見神的作為和人性的軟弱，更讓我們看到自己的心靈光景。不禁自問：我是屬於背叛的一位？還是需要饒恕他人的一個？

——莫非，創世紀文字培訓書苑主任

史帝芬・米歇爾是一位孜孜不倦的智慧創造家，他畢生工作就是研究人類的轉變。在本書中，米歇爾回到過去，探訪最古老的一個恩典故事，將故事的訓示帶回現在給我們。我的心大受感動，也被這些篇章裡所發現的寶藏治癒。

——伊莉莎白・吉兒伯特（Elizabeth Gilbert）
暢銷書《享受吧！一個人的旅行》作者

本書優美地重述了聖經裡最深遠、最感人的一個故事。米歇爾以明亮清晰的散文風格，將這個故事回饋給世界。這是一本獨一無二的上乘傑作。

——約翰・班維爾（John Banville），諾貝爾文學獎呼聲最高的愛爾蘭作家

你要如何誠實並深入「解析」夢境？繼續做夢。你要如何誠實並深入閱讀聖經裡的故事？以恭敬的想像力，繼續說下去，再三反覆不斷。米歇爾優美地重新想像了聖經裡約瑟的故事，重述時加強了精巧語言，並且帶有細膩洞察。有關聖經的書，你找不到一本比這本書更感人、更鼓舞人心，並有所啟示的作品了。

——湯瑪斯・摩爾（Thomas Moore），知名靈修作家、心理治療師

本書是閃閃發亮、充滿喜悅的聖經故事重述。史帝芬．米歇爾將這個晦澀不明、令人難以理解的故事，變得巧妙奇異、引人入勝，帶領我們進入一個嶄新神祕的世界，就跟我們今日所居住的世界一樣顯而易見。

——保羅．霍肯（Paul Hawken），環境學研究專家、企業家、記者

這是一本豐富又意義深遠的編年史暨米大示。

——辛西亞．歐札克（Cynthia Ozick），美國國家書評人協會獎得主

這是一個感情豐沛、生動鮮明的聖經故事重述，對於處於暴怒時代的我們而言，此書有強大的訓示。

——大衛．沃爾普（Rabbi David Wolpe）拉比

被譽為「全美最有影響力的猶太教徒」

米歇爾在約瑟的故事裡注入生命，送給讀者一份每個人都深切需要的禮物——描述寬

恕的靈性力量與深刻感人的過程。

——伊蓮・帕格斯（Elaine Pagels），《諾斯底福音書》（*The Gnostic Gospels*）作者

這是一本不朽的敘事作品，會轉化你的心智，也激發你的想像力。此書帶來閱讀的喜悅，給予讀者新的奇蹟與啟發。

——丹尼爾・席格（Daniel J. Siegel），醫師、臨床心理學教授

並非只有托爾斯泰認為這是「世界上最美的故事」，《可蘭經》也收錄了這則故事，敘述完整，並介紹它是「最美敘事之作」。在這本優雅的書裡，史蒂芬・米歇爾將這種美帶往新的高度，同時也闡釋故事背後的道德智慧。他在此所呈現的不只是散文，更是令人振奮的精神。

——穆沙塔夫・阿卡約（Mustafa Akyol）
《伊斯蘭教的耶穌》（*The Islamic Jesus*）作者

專文推薦

神的通盤布局

吳雅鳳

約瑟的故事主要記載於〈創世紀〉37至50章，與〈約伯記〉有著類似的情節安排，主角由盛轉衰，後由於領悟神恩，終自災厄中解脫。只是約瑟在以色列人民的發展上更有舉足輕重的地位。「約瑟」名字意為「願上帝恩典日見增加」（May God give increase）。神應許給亞伯拉罕、以撒和雅各的恩典，傳與他身上，最後他與十一位兄長便成為以色列的十二支派，在埃及開枝散葉。

約瑟的篇章可以說是聖經類型論（typology）的精華版，約瑟早年是「寵愛之子」，預示以色列人「揀選之民」（the chosen one）的身分，此外，異邦女子也預示將領受神恩的外族人。約瑟的經歷與蛻變也就是以色列人、全體基督徒的縮版與原型。

約瑟俊美機智，又是雅各最鍾愛的妻子拉結所生，受到父親極度寵愛。年輕的約瑟，完全以自我為中心，不能領悟自身的優秀乃上帝恩賜，偶爾會向雅各報告兄弟的錯誤與拙劣。他告訴兄長他有兩個夢，第一個夢裡，十一個兄弟所捆的禾稼向自己的禾稼膜拜；第二個夢裡，太陽、月亮、十一個星向他跪拜。他的兄弟因此更加嫉妒他，設計將他打落深坑裡，兄長之一的猶大不忍奪他性命，說服其他兄弟將他賣給以實瑪利人的駱駝商隊，再被賣到埃及法老的護衛長波提乏府邸。

在那裡，約瑟因治理的才幹與優秀的人品受到賞識，幾乎成為波提乏的總管，後來因為主母的誣陷入獄。在獄中，他幫助兩位法老的臣子司酒長與司膳長各解了一惡一善的夢。其後，法老受兩個奇特的夢境所擾，司酒長這才記得當初與約瑟的承諾，舉薦約瑟來朝中為法老解夢。

解析夢境後，約瑟更提到法老應揀選一有智慧之人來治理埃及，在豐裕的七年時為下一個七年饑荒做好萬全準備。法老視約瑟為最佳人選，將全境的治理權交與約瑟。饑荒時，迦南災情嚴重，約瑟的兄弟前來埃及羅糧（領取救濟物資），約瑟用計試探他們，確定他們已為當年的罪行懺悔，並將年邁的父親與家族一起接到歌珊，此地離埃及近，可以照顧家族，也比較像迦南的景物與氣候，減少年邁父親適應的困難。

此書作者史蒂芬．米歇爾行文簡明生動，在他筆下人物玲瓏活現，對當時強盛的埃及帝國與流亡迦南的以色列人部落，也有著同等的關照。雖然在埃及皇室飲宴的場

景加上了不符史實的項目，也是為了將場景拉近，讓現代讀者有歷歷在目的臨場感。透過他的描述，還原了聖經簡約陳述下的歷史多元樣貌，讀者較能領悟，神的救恩其實從一開始便對外邦人敞開。這也豐富呈現了聖經的重要環節，即雅各的家族如何經由約瑟的經歷傳到埃及。

米歇爾對於兩個在正典外的女性，即埃及法老的護衛長波提乏之妻，與猶大兒媳塔瑪有悲憫的描繪，特別令人感動。前者，心儀年輕俊美的約瑟，禁不住欲望的挑動，色誘約瑟，甚至在遭到拒絕後，指控約瑟企圖非禮，波提乏雖信任約瑟的清白，為了平息眾怒，還是將約瑟關入獄中，卻因此埋下了約瑟受召入宮的契機。另外，猶大兒媳塔瑪，年輕便不幸做了兩次寡婦，情急下，偽裝神廟妓女與岳父行房以求延續香火。後在族人指控下，表明乃受孕於猶大，遂為猶大所接受，誕下雙胞胎。

米歇爾不對兩人的行為下道德評價，反而細膩地呈現其心中苦難掙扎與層層機關盤算。耶穌族譜原著重在男性的承傳，只有〈馬太福音〉提及四位女性，皆在關鍵點上為家族繁衍後代，有趣的是四位都有些不合規矩之處，例如卑微出身、身為異邦人、出軌、甚至亂倫等，這些出乎常軌的女性，因為誕下重要子嗣，能夠列身族譜，或許是要為馬利亞童女懷孕、未婚生下耶穌這件神蹟做準備。

米歇爾以「神的通盤布局」（Greater Scheme of Things）作為音樂主題動機（leitmotif）般的母題，貫穿約瑟的故事，也是關乎詮釋的框架（framing device）。這句話在英文裡的通常意義是「全面考量」（the big picture）或是「整體而言」，但是我就此母題的重複出現，斷定它其實強調上帝的謀劃，永遠超越眼前困擾我們的窘境。

約瑟所經歷的深坑與監獄等等，雖然與他先前受到的寵愛與尊重有著天壤之別，但是種種試煉都是神全盤布局的章節，在這個理解下，連當年行惡的兄弟也不過是上帝謀劃中的棋子。美德與智慧終將引領我們到達榮耀與和平之境。

米歇爾所出版的譯作包括中西古代經典，將古老的智慧以接近生活的語言與場景，帶到現代讀者的面前，讓我們能以較無隔閡的方式，體會前人如何經過試煉，得以維持尊嚴並累積智慧。

俄國文豪托爾斯泰早年家道中落，對於約瑟的聖經故事特別鍾愛，他認同約瑟的遭遇，期待有一日能像約瑟受到賞識，改變人生困境。德國諾貝爾文學獎得主湯瑪斯．曼（Thomas Mann）也將約瑟的故事化為四冊的巨作（1930-43），並認為是他生平最重要的作品。回教的可蘭經對此跨希伯來與埃及文化的故事讚譽有加，認為富有正面積極的道德價值。

在二〇二〇年初春，全球各地都在新冠狀病毒無所不在的威脅下，全球化網絡使得消息靈通、生活富裕舒適，卻也使得人身安全格外脆弱。就在此時，我收到出版社的邀約，為這本雋永的故事撰寫導讀，說來是一特別的福分。

想想每天我們處處小心戒慎、與人保持社交距離（social distancing），逐漸縮減與人不必要的互動，也更清楚瞭解家人、鄰居、朋友互相支持的重要。這本書記錄著亙古的寬容、智慧、敬畏的故事，格外引人深思，啟迪人心。在當前嚴峻惡劣的處境中，或許有智慧的人可以領悟「神的通盤布局」。

（本文作者為臺灣大學外文系教授）

專文推薦

我們與約瑟兄弟的距離

施以諾

在歷史上，約瑟和他兄弟們的互動，是許多人眼中的傳奇故事。約瑟從小素質就不錯，但不擅於藏鋒，弄得哥哥們妒心大起！後來把他賣到外地為奴；而約瑟也實在爭氣，他在埃及由一個家奴，做到了宰相。最後，他還跟哥哥們戲劇性的相遇，並彼此釋懷、和解。

其實，約瑟年少時的鋒芒外露、讓人討厭，這種情況在我們的生活中也比比皆是。君不見許多人講話直白，一副「將來我會有番大事業，讓我哥哥、爸爸、學長們、老師們，都只能在我之下」氣勢，讓許多人看了頗為不耐。而這樣的人，其實在這個講求人本教育的時代中，恐怕不見得會越來越少。

而約瑟的哥哥們看不慣這弟弟的優秀與受寵，最後群起攻之，把他賣到埃及。聽起來也許很令人覺得不可思議，但想一想，這世代許多人見某人過得比較順，就在網

路上當起鍵盤殺手，撻伐他許多似是而非的缺點、齊欲害之，這不也跟當年約瑟的哥哥們類似嗎？只不過當年他們也許是用拳頭圍攻人，現代人是用輿論、鍵盤圍攻人。

想一想，我們與約瑟兄弟的距離，其實並不遠。您可以只把約瑟兄弟的生平視為精彩的歷史故事，也可以留心從中找到自己的影子，進而省思之。

在歷史上，約瑟兄弟的故事，是一段成長與和解的故事。最後，他們都長大了！約瑟不再是那個沉不住氣、說話白目的少年，而成了一個深謀遠慮、不動聲色的宰相；約瑟的哥哥們也不再是只會嫉妒受寵弟弟的血氣少年，甚至，為了確保小弟弟的安全，約瑟的哥哥寧願犧牲自己的性命，讓旁人看了為之動容。幾十年過去，約瑟和他的哥哥們都長大了！

這一段「長大」的過程，卻也是這個社會所缺乏的。許多人終其一生自我感覺良好，把白目當成志氣，自鳴得意，最後反而什麼作為也無法達成；也有許多人像當年約瑟的哥哥們，嫉妒比自己境遇好的同儕或後輩，自己沒有成就，卻只會一天到晚在網路上霸凌人家。在現代的社會中，許多人並無法如約瑟和他兄弟那般有所成長。

親愛的朋友，我們與約瑟兄弟的距離，其實並不遠！他們所反映出的人性，在這現代化的社會中處處可見！而他們之所以能成為傳奇，是因為他們後來都長大、釋懷、和解了。

如果您也希望自己能夠長大、希望自己的生命能更成熟，歡迎看看這本書，這是一本讓我們可以從中找到自己的影子，並讓我們能夠從中學習、成長的好書。

（本文作者為作家、輔大醫學院職能治療學系系主任）

專文推薦

體悟苦難的意義

鄭印君

約瑟的故事在〈創世記〉的篇章中，一直是很特殊的存在。因為，其不僅涉及了一個家族的家人關係、夢兆與解夢、溺愛與嫉妒，甚至是出賣與成長之外，同時相較於〈創世記〉中其他家族（例如亞當夏娃一家、諾亞一家等），我們在其中看到一個在其幾位先祖的蒙召信仰歷程中，逐漸開枝散葉的家族歷史。

這個家族歷史如此具有「家庭性」，以致在文字閱讀中，我們不僅容易陷入其中迷人之處，感受故事中人物的喜悅、偏愛、哀痛與悔恨外，同時又在故事情節安排的終向裡，體悟到苦難的意義與層疊於寬恕中的信仰之光。

藉由約瑟故事的敘事進展與情節布局，聖經的敘事從〈創世記〉轉入了〈出埃及記〉，而其中的敘事修辭則從一個家族的視角，轉化為面對整個民族的命運，並在其遭逢的苦難與救贖中，展演並顯明了這個民族的特殊信仰與地位。因此，約瑟在整部

〈創世記〉中的信仰角色性，雖然不及幾位聖祖（亞伯拉罕、以撒、雅各）與神的關係所具之明顯性，但確實是銜接妥拉（Torah，即摩西五經）前兩部書的重要樞紐。藉由約瑟的故事，我們除了能回溯地看到雅各、以撒與亞伯拉罕的信仰敘事意涵，也能在數百年的時距中，與摩西的故事連結，進而體會到這個民族的信仰鳥瞰視角所述說的家族與民族信仰敘事。

米大示（Midrash）一詞意謂「尋找、探究」，引申為發現潛藏於其中的思想，是一系列採用道德訓諭方式所做的律法與釋經合集，屬於口傳妥拉（oral Torah）注釋傳統。猶太哲學家列維納斯（E. Levinas）就認為希伯來聖經與米大示有著非常緊密的關聯性，因為米大示的傳統使得聖經智慧能在其中獲得傳遞並不斷地被更新。因此，藉由米大示的注釋方式，對於約瑟故事的閱讀，不僅能使我們一次次地深入故事中不同人物的喜怒哀樂中，同感他們的心理、面對他們所進行的各種選擇，並能以閱讀者的身分不斷地思量這些選擇的意義，最後理解到其中所隱含的智慧性指向。這能幫助到所有讀者在這樣的獨特詮釋運作中，真正深入其敘事脈絡並獲得信息。

在時序進入二〇二〇年後，因著冠狀病毒疫情的發展，我們正深刻地感受到自身處於一個與全體人類命運更為緊密連結的時間向度裡。自疫情發端並開始獲得世人的關注以來，每天的新聞與社群媒體信息，就不間斷地報導著疫情的即時發展狀態。換句話說，我們在接收這些報導的過程中，就也在接收許許多多關於疫情的不同敘事，以及這些敘事中所包含的人、事、時、地、物等。這些敘事正以各種方式與我們的生命經驗產生連結，並發展出一個個關於自身在這波疫情中的生命經驗敘事。

我們無法避免的是，如何從這些生命經驗敘事中，尋喚出生命中苦難經驗的深層意涵，這必定會是我們正在經歷的這個歷史時間將必須面對的問題。雖然我們與約瑟的故事被編纂的時間有著相當長的時間跨度，雖然我們與約瑟當時所處的社會文化背景並不相同，但是約瑟故事中所探詢的生命苦難意義，仍跨越時空，連結著我們對於生命苦難的關懷。

願我們在本書以米大示釋經法講述故事的閱讀經驗中，能在約瑟與他的弟兄的背叛與寬恕生命敘事中，深切地體會到苦難所揭示的意義。

（本文作者為輔仁大學宗教學系系主任）

專文推薦

學習謙卑的最佳範例

嚴任吉

〈創世紀〉最後一部分，三十七到四十七章，若瑟（天主教翻譯，即約瑟）的故事，可說是世界上最美的故事之一。史帝芬·米歇爾所寫的這本書，文筆優美、順暢，易於閱讀。故事內容描寫的人物、情境，栩栩如生，有如戲劇性與轉折性兼具，充滿衝突、張力的大製作電影。他書寫的文字，對讀者或觀眾而言，很有吸引力和趣味，閱讀此書，真是一場提昇心靈內涵的饗宴。

如果我們說聖經的原文是若瑟故事的精緻版，作者的書便是若瑟生命細節的完整描述。如果說若瑟的一生，堪作忍耐與依恃天主的典型，作者的書更是告訴了讀者，一個人如何因父親（等同現代人隔代教養的爺爺奶奶）過度的寵愛，少不更事，養成了驕傲、看不起人的習慣，但是後來因有自己足夠的努力，又賴天主的恩寵加持（包括解夢、行政能力、智慧等），便有機會從生命的谷底翻身爬起，學習一輩子力爭上

游、追求卓越，在年長時，呈現有智慧、完美、成熟人格的故事。

個人不是聖經學者，只能依靠我對文字、影像傳播的微薄知識，及天主教耶穌會神父的靈修經驗，給讀者介紹、推薦本書。

我們耶穌會的會祖依納爵．羅耀拉留給人類與世界的寶貴靈修遺產「神操」，是教我們從外在的五官，眼、耳、鼻、舌、身（視覺、聽覺、嗅覺、味覺、觸覺），先直接與外在的世界（人類社會與美麗的大自然）接觸。

小時候的教育，說我們人是理智、意志、情感的動物，「神操」卻教我們「反思、反省」是要我們從外在的五官本能，進入學習使用內五官，即記憶、想像、推理、判斷、整合的能力，處理每日所看到、聽到、聞到、吃到、觸摸到的每一件事物。反省每日的經驗，找到個人的才智能力，對社會和世界有所貢獻，同時探詢神的真實臨在與神的旨意，整理、形成自我生存的理念、價值觀，以及改變自我的力量，產生行動的推力。

人是身、心、靈整合一體的「神的肖像」，我們生命的內外：人的外表，分享了真善美聖——也就是神的面貌；人的內在，也因洗禮而領受了神的完美，早就播下了永恆生命的種子。但實際上，我們都是有限、甚至是有罪的平凡人，都是從生命的經驗中學習認錯、改善，渴望追求成聖。

若瑟及他兄弟們的生命故事，真是給了我們很好的範例。教我們從面對現實、多變的環境開始，從自己所犯的錯誤中、也從他人的生命經驗裡，學習謙卑。若用新約的語言來說，是要在基督內重生，進入天父預許，基督以苦難、聖死、復活所帶來的救恩與福地。

（本文作者為耶穌會神父、輔大兼任副教授）

目・錄

Content

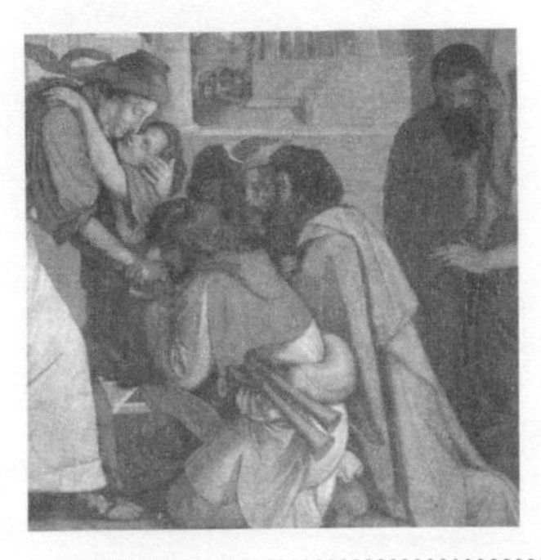

目·錄

Content

第五部　約瑟揭露身分

目・錄

Content

獻給凱蒂

作者序

故事沒有說的部分

約瑟（若瑟）[1]與他兄弟們的故事，是〈創世紀〉最後一個篇章。托爾斯泰稱這是世界上最美的故事。

故事裡的主人翁經歷了死亡和轉變，在故事開始是個迷人但自負的渾小子，到了故事尾聲則成為現實中的主宰。這個故事的核心，是包容一切的寬恕。很重要的是，神沒有出現在這則故事裡。說書人太瞭解神而沒有將神放進故事。他深知有神出現的故事，說的永遠不可能只關於神而已；故事只能是關於一個名為「神」的角色，但是「神」不是神。

1 編注：本書中的聖經名詞（如章名、人名、地名）在全書首次出現時，採用基督新教、天主教通用譯名對照的方式呈現，方便讀者閱讀。

你可能會納悶我為何重新想像這個故事。原來的故事不是已經很完美了嗎？對，當然如此，不論你讀到的是原始的希伯來語版[2]，或是沒那麼樸實的欽定版（簡稱KJV），即便是最通俗的現代翻譯，故事之美仍舊從中大鳴大放。但是，如同大多數〈創世紀〉裡的篇章，這個故事的書寫風格極為精簡，簡潔到把好幾頁塑造個性的篇幅濃縮成單單一句話。說書人在故事裡留下許多祕而不宣的暗示，彷彿是一個沒有附上網址的超連結文本。

就拿第一個例子來說吧：「雅各疼愛約瑟的程度，遠遠超過其他子女。」就是這兩句話，奠定了整個故事的戲劇性——多麼令人好奇啊！長期而密切地注意這個故事，將帶來豐厚的回報。有許多段落宛如日本的紙花，我們將之放在想像的水面上，含羞的花苞便會打開、綻放。

所以，我深深為這個故事所吸引——不只是故事所陳述的內容，還有故事本身沒有說到的部分。這個故事呼喊著古代猶太藝術「米大示」[3]協助解釋，也徵求有創意的變化——這是一種文本存在的方式，為了加深你對故事的理解。

要鑽入這些沒有述說的領域，你需要一定程度的不敬——或者，更正確地說，表面是不敬，但其實是敬重以待。一般傳統的尊敬，意謂要與文本保持一段距離，讓光線像穿透彩繪玻璃窗一樣，以折射的方式穿透文本。有了米大示，你需要靠得更近。你需要將文本整個吞下，好好消化，加以吸收，花上幾個鐘頭或數天的時間到處走動，在心裡與之共鳴，讓這個故事成為你經常的默想主題以及你不停歇的祈禱。

在希伯來聖經裡，約瑟是靈性上最成熟的人物，是一個真正從深淵往上爬，最終獲得自由的人，這種自由境界也是每位讀者都認得並喜歡的。但是，他是如何走到這一步？他是怎樣坐在井底思索自己的苦難，從而學到更深的人性，從一個夢到預示的做夢人，到解夢的人，再成為一個部族的導師？是什麼原因使他成長、有所超越，對他哥哥們充滿殺意的嫉妒沒有憤怒和怨恨？

他在故事最後所體現的寬恕，在聖經裡找不到其他可與之相比的例證，就連福音

---

2 《馬所拉文本》（*Masoretic Text*）所記載的約瑟的故事，也就是流傳至今我們所看到的故事，其實是編輯過的版本，任何一個聰穎的高三學生經過教導都可以看得出來。這個故事包含了最古老的層次，是個沒有任何縫隙的完整文本。但〈創世紀〉的編輯將兩段在幾世紀後寫成的冗長篇章插進這個故事裡，並且拼接了許多取自各種不同來源的場景。有關重建一個可能的原版故事，請參閱我寫的《創世紀：古典聖經故事新譯》（*Genesis: A New Translation of the Classic Biblical Stories*）一書。至於「神」（God）一角，祂的確出現在塔瑪的故事裡，出現的時間很長，足以殺死珥和俄南（創世紀38章7–10節），但嚴格說來，這並非屬於約瑟的故事。在這則故事的補遺也有無關緊要的短暫出現（創世紀46章2–4節）。

3 編注：Midrash，又譯作「米德拉什」，原意為詮釋、探究，是猶太教對律法和聖經進行通俗闡述的文獻。

書裡也沒有，耶穌在福音書裡告訴我們要原諒別人七十個七次，[4]但沒有告訴我們原諒到底是什麼（這並非他的工作）。[5]

在約瑟的故事裡，我們可以看到，曾因自尊受損而想出害命詭計的心靈，在獲得理解後，是如何受到啟迪、開始轉變，最終與真實之道和諧共處。約瑟明白，在明顯的表象之下，浩瀚慈悲的神聖智慧永遠存在。他已經到達這般境界：

所有仇恨自此遭到驅逐，
靈魂恢復徹底純真，
終究識得它是自我歡喜、
自我和緩平息、
自我驚恐畏懼，
且自身的甜美意志，
即上天的意志。[6]

我想帶給各位的不只是他的轉變，還要有過程。為了達成這個目標，我找了一群想像出來的西元二世紀的加利利（加里肋亞）拉比[7]來幫忙（偶爾，說實話的唯一方法就是自己編造）。

我應該也要警告各位，本書裡的埃及是一個想像的國家，時代錯誤可能悄悄接近、拍拍你的肩頭。解夢系統和教科書、占卜學的三個學派、高級料理搭配芥末或白酒醬——這些全是我的想像，為了我自己的樂趣，而我希望，你也從中感到愉悅。

4 典出〈馬太福音〉（瑪竇福音）18章22節。
5 在「浪子回頭」的寓言中，兒子並未對父親有任何直接冒犯。的確，父親以開闊胸襟歡迎他回家，無條件接受他，但這與原諒是大相逕庭之事。在〈約翰福音〉（若望福音）的故事裡，即便是那位行淫時被拿的婦人，也沒有對耶穌做出任何不敬之舉而需要請求他的原諒。
6 出自《葉慈文集》（*The Collected Works of W. B. Yeats*）中的〈為吾女祈禱〉（*A Prayer for My Daughter*）。
7 編注：Rabbi，意為「導師」，除了主持宗教儀式之外，亦是猶太人各方面生活的指導者。

序曲

在我開始這篇米大示之前，我要先回到前一個世代，提醒各位有關約瑟的出生經過——他的出生帶著多少渴望和狂喜。

我可能得從他的曾祖父亞伯拉罕（亞巴郎）開始說起，他是第一位猶太人祖先，聽到了一個沒有話語的聲音，跟著聲音走進未來，像是一個人矇著眼睛，在沒有月亮的黑夜裡穿過茂密的森林；或是提到約瑟的祖父，他是靈魂受創的以撒（依撒格），在他被五花大綁放上祭壇的那一刻，他父親手拿一把雕刻刀頂在他的胸前，抖個不停，睜大了雙眼低頭看他，臉上表情激動恐怖，以撒不曾從中恢復過來；或是談他的父親雅各（雅各伯），他欺騙了他的孿生兄弟以掃（厄撒烏），騙走了父親的祝福，從迦南（客納罕）逃往美索不達米亞，以有點可疑的方式發達起來。但那些故事都是留待別的時候說了。我在這裡只告訴你約瑟出生前的序曲。

雅各一抵達美索不達米亞的哈蘭（哈郎）郊外，就愛上了美麗的表妹拉結（辣黑

耳）。為了得到她，他替她的父親拉班無償效力七年，七年的時間對他來說似乎不過是幾天而已，他是如此深愛著她。

但拉班騙了他，他把新娘換成他的大女兒利亞（肋阿）。在婚禮帳篷微微發亮的黑暗裡，雅各整晚與她共享魚水之歡，等到天方破曉，他為了自己把第一次、把他最好的一面給了錯誤的女人，而感到痛苦不堪、滿腔怒火、心痛不已。他跑去岳父的帳篷抗議，最後他唯有答應再替拉班工作七年，才能得到拉結。

他無從選擇地成為一個擁有多妻的男人，就像他的祖父亞伯拉罕一樣，而不是像他的後代子孫大衛（達味）和所羅門（撒羅滿）那樣，是出於自己的選擇（就也是說，聖經對婚姻的嚴格定義是「一男與一女、或一男與多名女性的結合」）。

不受疼愛的妻子利亞，結果是多產保證：連續四年來，每年春天，當牧草生長茂盛，遍地開滿野花，她都會產下一名健康的男嬰。拉結卻無法懷孕。她與雅各的巫山雲雨變得有如嘲諷，她的子宮空空如也，荒蕪一片。過了四年常常失敗的日子，她對著雅各哭喊：「你給我孩子，不然我就要死了。」並要求他與自己的使女共寢，「讓她替我生孩子，這樣，我就可以作母親了。」

雅各不忍拒絕愛妻的要求，使女在兩年內生下兩個兒子（同時，利亞不再懷孕，因為拉結對雅各說：「夠了！我的姊姊已經生了四個兒子。別再去她的帳篷找她了！」）。然後，利亞堅持雅各也要與她的使女同寢，該名使女也生下兩個兒子。後來，基於某種姊妹商議的結果，利亞又替他生下兩個兒子和一個女兒，女兒取名為底拿（狄納），她在我們故事裡的出場時間既短暫又悲傷。

終於，經過十五年來不斷的痛苦與懇求——拉結懷孕了。她將男孩命名為約瑟，意為「他帶走了」（意思就是「神除去了我的羞恥」）。

在目前所有十二個孩子裡面，長相最漂亮的就屬約瑟。打從一開始，約瑟和拉結就疼愛他。

六年後，拉結在生第二個孩子的時候因難產而死。在她最後仍有意識的時刻，她將孩子取名為便俄尼（本敖尼，意為「我的不幸之子」）。儘管雅各希望尊重愛妻的選擇，但他無法忍受這個名字。於是他重新將這個孩子命名為便雅憫（本雅明，意為「右手之子」）。

當拉結過世，雅各覺得自己彷彿也與她一起死去。

第一部

寵愛之子

The Favorite Son

最受寵的理由

雅各疼愛約瑟的程度，遠遠超過其他子女。對所有人來說，尤其是他其他幾個兒子，他的偏心顯而易見。這可說是雅各的悲劇性缺陷，倘若我們的故事不是一齣喜劇──也就是說，假如故事沒有快樂結局的話。

雅各疼愛約瑟，因為他是受寵的拉結所生的孩子。這個男孩的外貌跟他母親一模一樣，只不過他的美是男性之美，宛若一段旋律改變了音調。他就像從前的她，一雙深棕色大眼閃爍著智慧和淘氣。當他面帶笑容，嘴唇同樣飽滿，弧度優雅。他大笑的樣子跟她以前一樣（當雅各說了令她深感有趣的事，她會捧腹大笑不止，笑得前俯後仰，眼淚從臉頰上汨汨流下。一切與這個男孩有關的事，在在都令雅各想起她）。

約瑟是她的紀念，是她的化身，是她唯一留存在人世間的一部分。

對，還有便雅憫，但他沒有與她如此神似。況且，儘管雅各衷心祈禱多次，他還是因為這男孩造成她的死而討厭他。

希伯崙

雅各住在希伯崙（赫貝龍）山谷，四周為以色列猶大山地所環繞，位在海平面三千英尺以上、耶路撒冷西南方二十英里的地方。即便是將近三千七百年前，耶路撒冷也是一座非常古老的城市。

亞伯拉罕就是在希伯崙這裡，一處靠近幔利橡樹的地方，在不知情的狀態下招待了天使。[1]三位神祕訪客不知從何處來到這裡，外貌看起來是普通人，在他們用完餐後，亞伯拉罕才注意到他們全身光芒四射。

雅各的生計全靠他所擁有的牛羊。他與他僅存的妻子利亞、兩名小妾、十三個孩子，加上幾個媳婦，會選定一個地方，在那裡紮營、搭起帳篷，過一陣子之後，再移動到下一個地點。

1 典出〈希伯來書〉13章2節。

他是個有錢人，非常富裕。多年前，他有一次從美索不達米亞返家的路上，為他哥哥以掃獻上大禮（並非出於兄弟之情，而是恐懼和殘存的罪惡感），包含兩百二十頭綿羊、兩百二十頭山羊、三十頭尚在哺乳的駱駝以及牠們各自的小駱駝、四十頭牛、十頭公牛和三十頭驢子——送出這份禮物對他來說不算什麼。

假如你跟我兩個人要去他的營地拜訪，天起了涼風，會發現雅各坐在他的帳篷前。他一看到有陌生人來，極為殷勤有禮，跑出來接見我們，毫不在意需要緩緩挪步來展現穩重的大家長派頭。

他會提水來給我們，好讓我們清洗雙腳，請我們在其中一棵橡樹底下歇息，而他去準備晚餐。然後他會宰殺並烹烤一頭小牛或羔羊，吩咐女人們去烤麵包，招待我們吃肉和麵包，並大方供應牛奶與優格。我們會坐在橡樹底下，大夥興高采烈，吃吃喝喝，談笑風生。他與我們坐在一起，看我們開心，他也覺得愉快。

但是，還是不要打擾他比較好。所以我們隱身前去吧。來，我會引領你。

約瑟在古城附近一處青蔥蓊鬱的山谷裡紮營。這是春天裡溫暖的一天，青草茂盛，綻放的罌粟花和芥末花以紅色和黃色點綴了山丘。在山谷裡或山坡上，到處可見一群群牛羊咀嚼青草，或躺在橡樹的樹蔭底下，有幾個男人和男孩在旁，他們拿著彈弓和牧羊人手杖，身穿黃褐色的羊毛長袍，腰間繫上寬皮帶來固定。

當我們走近他們，你可以聞到綿羊的脂肪味，以及山羊更為刺鼻的氣味。你看，九歲的便雅憫在那裡，正坐在一塊木頭上，吹奏蘆笛，一遍又一遍重複同樣的曲調。在我們右手邊，山丘上的灌木叢種類繁多，包含了乳香、紫薇、膱脂樹和沙棘，這些都是山羊愛吃的食物。山谷這裡有其他各式各樣的橡樹，有些樹幹古老而多節瘤，還有香柏樹與杏仁樹。走到那頭，三棵柏樹指向天際，柏樹後面是一片橄欖樹林，風把樹葉吹得灰灰綠綠。

我們現在來到帳篷。前面的大帳篷屬於雅各，約瑟睡在那裡。幾座帳篷圍繞著大帳篷，形成參差不齊的半圓形，分屬利亞、十個已經成年的兒子、雅各的獨生女底拿，以及雅各的兩名小妾辟拉（彼耳哈）和悉帕（齊耳帕）。

辟拉和悉帕現正坐在外面，一邊聊天，一邊梳理羊毛。她們年約三十多歲，辟拉依舊纖瘦、性情溫和，而悉帕在夜裡幾乎就和在白天一樣精力充沛，雅各在利亞的堅持之下與她同寢，對於女孩在性事上的大膽感到震驚。年紀小的孩子，就是那些年長兒子們的子女，光著腳丫在她們四周跑來跑去，或是在樹蔭底下玩耍。

太陽漸漸西沉。很快就到了傍晚日落而息的時候。幾個兄弟在一天路程以外的地方放牧羊群，他們今晚不會回家。大多數人則待在附近，假如我們留下來的話，會看到他們走回自己的妻子與孩子身邊。

那麼，約瑟人在哪裡？他在雅各的帳篷裡，舒適地平躺在兩顆刺繡枕頭上，等待父親歸來。

在雅各的帳篷裡

拉結過世之後，約瑟成了雅各的護身符，幾乎是他唯一的關注。約瑟以他的聰明伶俐、迷人手采和經常抱持的愉悅心情來淡化老人的哀傷。雅各受不了沒有他在的時候；當他獨自一人，絕望的感覺常常襲來，令他招架不住。所以他白天把約瑟帶在身邊，晚上允許他有特權可以睡在他的身旁。約瑟是唯一一個和父親共度夜晚的孩子。雅各感覺到，只有在這孩子出現的時候，他才能稍微寬心。他很愛講古老的故事，約瑟也很愛聽。

有關樂園（Garden of Delight）的故事：在涼爽的日子，耶和華[2]在樂園裡走動，在那裡種下兩棵樹，先是生命樹，接著是分別善惡的樹，他帶著憐憫之情告訴亞當不可碰觸，然而會說話的蛇引誘夏娃（厄娃），她受騙吃下果子，而為了她的愛，亞當也

2 Yahweh，是「神」這個角色的名字，經常英譯為Lord（「耶和華」或「主」）。

吃了，於是兩人被逐出了樂園。唯有吃下智慧樹（也就是生命樹）的果實，我們才能回到本身原始的純真。

關於亞伯（亞伯爾）和他的哥哥該隱（加音）的故事：當耶和華拒絕該隱獻上的供物，該隱以為自己輸了一切，把憤怒都出在弟弟身上，並且殺了他。當耶和華問他亞伯在哪裡，他說：「我不知道。難道我是看守我弟弟的嗎？」

關於拉麥（拉默客）的故事：他娶了兩個女人為妻，分別是亞大（阿達）和洗拉（漆拉），亞大生下雅八（雅巴耳），是住帳篷之人的祖先；她又生下了猶巴（猶巴耳），是彈琴吹簫之人的祖先，而雅八生下土八（突巴耳），是製造各種銅鐵器具的匠人。

還講了關於神之眾子的故事：神的兒子們來到地上，看見人類女子非常美麗，就隨自己喜歡的娶她們為妻，後來他們和人類女子所傳下的後代，便是古代的英雄。

關於挪亞（諾厄）的故事：講到方舟、動物倆倆成雙、大洪水、以彩虹立約的記號，以及挪亞在自己的帳篷裡喝醉酒，他的兒子含走進去，看見父親赤身露體。

關於寧錄（尼默洛得）的故事：外邦人稱他為吉爾伽美什（Gilgamesh），這位國王力大無窮、生性桀驁、氣宇軒昂。他大搖大擺走過偉大的城市烏魯克（Uruk），像隻發狂公牛踐踏當地人民。

關於巴別塔（巴貝耳塔）的故事：愚蠢的巴比倫人想要到達天堂，因而建造此塔，當時大地上只說一種語言……

等到父親的聲音在黑暗中靜下來後，約瑟會在心裡反覆咀嚼聽到的故事，一邊等著睡意帶他進入其他境域。

雅各特別愛說亞伯拉罕的故事——約瑟從未見過他那位備受尊崇的祖父。約瑟會睜大雙眼，以敬畏的心情聆聽那個偉人的故事：亞伯拉罕聽到神在他完全靜默的心中對他說話。聲音並非來自外面，起先只有聲音而沒有話語。亞伯拉罕全神貫注聆聽，最後低頭傾聽那個聲音告訴他的事，儘管非常困難。聲音告訴他要放下一切，捨棄一切他最愛之物：母親和父親、家鄉和國家、他最愛的妻子、他尚未出世的孩子——甚至是他自己的性命。

雅各說，若你愛神，你一定要心懷感激，做好失去一切的準備，與亞伯拉罕所瞭解的一樣。「你將來有天也會瞭解。」雅各對男孩說，眼眶泛淚。

生為美男子

約瑟從一開始就被寵壞了，不是因為他父母對他的疼愛（好事永不嫌多），而是他們缺乏對事情的洞察力：外表美麗的人本來就會散發一種氣質，若是兼具了美貌和過人的聰明才智，更宛如天神降臨凡間，他們認為這樣的人絕不會犯錯，他提出的各種稀奇古怪要求也應該要盡量滿足、實現。

約瑟從小就知道自己對父母的影響。他以仁慈的謙遜態度對待父母，有如偉大的君王對待忠心耿耿的家臣。

等他到了十三歲，他的美貌成了方圓百里內村落女人們津津樂道的話題。她們在市場上相互推擠，只為了看他一眼。除了希伯來語，他能夠流利地說三種語言，他精通幾何學、天文學和會計。他的父親在所有經營生意的事情上仰仗於他，從未費心去請教其他的兒子。

約瑟也以忽視的態度對待他的兄弟們。他這一生到目前為止，很明顯就是受到上天揀選之人。他對利亞和兩位小妾的兒子都沒意見；他們以自己粗鄙無知的方式當個正當的人，但他們很明顯就是略遜一籌，彷彿在一齣戲劇裡擔任配角，而他們也知道這齣戲是他們自己的生命大戲。他們凝滯的眼神如同他們母親呆滯的目光——綿羊之眼、山羊之眼——而他們的感性程度，當牧羊人綽綽有餘，卻無法與約瑟這樣的超凡智力媲美。

約瑟很友善，也盡可能表示敬重，但是他看透了他們。他超越了他們注視之物的表面而沒有停下腳步，彷彿某個要前去參加一場重要會議的人，沒有時間停下流連。

偏愛

耶和華寵愛亞伯勝過該隱；撒拉（撒辣）疼愛以撒；以撒喜愛以掃而利百加（黎貝加）疼愛雅各；雅各疼愛約瑟的程度，遠勝他所有其他兒子。這樣有什麼問題嗎？再者，是只有典型的猶太家庭才有先天的偏愛，或者這個世界就是這樣？

當然，有偏愛和做出偏心的行為，兩者之間有很大的不同。一個沒有偏好的世界，我興趣缺缺。即使是佛祖，被問到霜淇淋要香草或巧克力口味，可能也會回答香草（雖然改天再問，可能又會有不同答案）。一首古老的禪詩提到：「至道無難，唯嫌揀擇。」[3]兩個孩子裡面，有些人就是忍不住對其中一人更感到親密，但我們可以不把這種親密轉換為特別待遇。我們忍得住，也會忍住。

不過，雅各忍不住。他做不到。他永遠找不到方法去當他其他十二個孩子的好父親。他在沒有父親關愛的情況下長大成人，處於經常渴望得到以撒讚許的狀態，直到這份渴望受到他母親影響，變成去詐欺、偷竊他父親給兄長的祝福，因而累積了數十年的罪惡感。

他從來都沒學會公平處事，他父母的偏愛滲透進他每一個認知器官內。此外，欺騙他的岳父強行把利亞塞給他，儘管他對她親切以待，但他從不愛她。他與她（以及她的使女）所生下的孩子，感覺都不像他的骨肉，因為他們的母親不是他真正的妻子拉結。雖然他盡力去愛他們每一個人，但沒有什麼溫暖可言。

各位看得出來這會有什麼結果嗎？因為沒有隱藏起來的事情是以後不會揭露的，這注定會發生。不管有什麼我們拒絕承認的盲點，在某個時間點，這件事就是會在現實中爆發，讓人看到、聽到、折磨人或是得到理解。

因此，在這個家庭的封閉系統裡，透過各種衝突與分離，所有的互動都可以看到雅各的偏愛。它在約瑟心裡轉變成自負與自認應得的權利，在其他兄弟心裡則化為有毒的怨恨。

3 典出僧璨（北齊時期之人，為中國佛教禪宗第三位祖師）所著之〈信心銘〉。詩中所提的「至道」（The Great Way），意謂生命與「道」處於十分和諧的狀態。

十兄弟

在我們繼續往下說之前，先把焦點轉向這十個兄弟。他們是誰？他們是什麼樣的人？

他們十個全都是粗人，比起父親，他們更像自己的母親，沒有雅各那種敏銳細膩的情感，也無法回應精神需求。他們被養育成牧羊人，本身對此也心滿意足。在他們之間，原本只有同父同母的兄弟才有特別緊密的關係，但隨著約瑟一天天長大，十個人全都因為有共同敵人而漸漸感到有所連結。

流便（勒烏本）是兄弟當中個子最高、最身強體健的孩子。身為長子，他接收了父親的祝福，直到發生一件令人不安的事情，你在下一章會聽到。因為這件事違反紀律，流便的長子地位因此遭貶，父親的祝福改成給了猶大。

西緬（西默盎）和利未（肋未）看起來很像雙胞胎，雖然兩人出生前後相差一年。要說有誰需要靠照顧羊群來學習溫柔，那就是這兩個人了。他們殘暴、愚笨、動不動就生氣，他們的暴力行為曾經使整個家族陷入麻煩。以下是事發經過：

有一天，在沒有年長女性的陪伴下，雅各的女兒底拿前往示劍城（舍根）去拜訪她的女性友人。當她遇見城主的兒子示劍，她覺得他魅力難擋，而他也對她有好感，兩人立即親暱了起來。年輕又熱情的他們，沒有任何理由要壓抑對彼此的好感，於是他們同寢了。當晚，他們交換永恆的誓言，並承諾要在雙方家族見證的公開場合下，認證他們的愛情。

到了早上，年輕人懇求他的父親哈抹（哈摩爾）為他們的婚姻進行正式安排。所以哈抹帶了示劍和幾名高官一同前往雅各的營地。他向雅各開出非常高的聘金和許多讓步條件，任何一個做父親的看了應該都會雀躍不已。雅各點頭但沒有立刻同意，從豪奢的聘禮看來，他感覺到那位年輕人的急切，他曉得他可以多等一下，等對方提出更好的條件。他告訴哈抹會好好考慮他的請求，也會跟女兒的母親說一說，這事當然得跟做母親的商量一番。

當西緬和利未聽說此事，兩人大為憤怒。他們認為，雅各的女兒和一個迦南人廝混在一起，就算對方是城主之子，也是有失尊嚴的事；反正，他一定是佔了她便宜——說得直白點，他一定是玷汙了她。所以他們把年輕人誘騙到城牆之外，狠狠痛

揍一頓。

為了這件事，雅各必須使出所有外交手段，加上昂貴豪華的禮物、拼命卑躬屈膝賠罪，才能安撫哈抹。當然，哈抹說，和這種流氓家庭結為親家是不可能的事（被禁止和那名年輕人來往的底拿心碎不已，她終生未嫁）。

在後來的歲月裡，這個故事在兩兄弟的講述下被吹捧得越來越誇張怪誕，當兩人喝得酩酊大醉，甚至誇口他們騙倒了整座示劍城的男人，讓他們一個個自己行割禮，到了第三天，城裡的男人們依舊疼痛難耐，他們便趁機「拯救」底拿，屠殺了所有男人，偷走他們的牲口，奴役他們的妻兒。

當西緬和利未述說自己的大屠殺故事，他們的酒友沒一個人把他們說的話當真，因為就算他們在清醒的時候，也是出了名的無恥騙徒。況且，示劍城仍舊是個熙來攘往的熱鬧大城，男男女女和小孩都在那裡住得好好地，男人也幸運地未行割禮，這都是事實。

利亞的第二和第三個兒子就這樣了。

第四個兒子猶大具有像幼獅一樣勇猛無敵的名聲——事實是，偶爾當他發脾氣的時候。但他也是十兄弟中最成熟的人。之後你會聽到更多有關他的故事，以及他與他的媳婦塔瑪（塔瑪爾）命運相會的故事。

至於兩名使女所生的兒子但（丹）、拿弗他利（納斐塔里）、迦得（加得）與亞設（阿協爾），以及利亞的兩個小兒子以薩迦（依撒加爾）和西布倫（則步隆，西布倫常被暱稱為西布），他們在我們的故事裡大多是背景音效——等同於希臘合唱隊裡的猶太人。

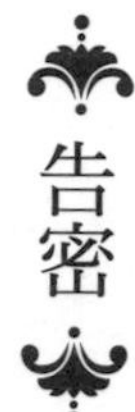

告密

有時候，雅各會吩咐約瑟，把他那十個同父異母的哥哥的狀況報告給他知道。約瑟喜歡做這份工作，感覺自己像是神的記錄天使之一。

他告他們的密，卻並非出於惡意，他對父親總是誠實坦白的。在這件事上他考慮不周，沒有想到他的哥哥們可能必須面對這些報告所帶來的後果。他甚至從來沒想過要設身處地為他們著想。

與他的哥哥們相反，他通常可以自由隨興，來去自如。有時他當辟拉和悉帕四個兒子的助手，他們忍受這男孩的喋喋不休，有時甚至為他天馬行空的想像而著迷。不過，在他打了他們的小報告之後，他們清楚最好別再對他卸下心防。

這些男人在做些什麼？在工作上混水摸魚？但是，「混水摸魚」不就是當牧羊人的「定義」嗎？古羅馬詩人維吉爾（Virgil）筆下的牧羊人提屠魯（Tityrus）唱道：「一位天神賜予我們這等閒逸。」[4] 你一邊盯著羊群，其餘時間你消磨時間，對著那位擁有漆黑秀髮、櫻桃小嘴以及一雙杏眼的多情牧羊女甜心高唱情歌，或是用你的笛子或豎琴即興演奏，當猶八（抑或是雅八？）精神上的後代。

在寫於五世紀的《論創世紀的米大示》（*Midrash on Genesis*）中，我們這兩位拉比深信，品德高尚的約瑟有義務去報告他的哥哥們所犯的小奸小惡，推測他們還做了某些更加邪惡之事。梅爾（Meïr）拉比說：「十兄弟一定經常生吃活體動物的四肢。」這是窮凶惡極的罪惡之一，足以將一個人自動從猶太教定義的天堂除名在外。另一方面，西蒙（Shimon）拉比說：「他們和基尼女孩同寢。」他說對了。

四個月後，在另一片草地上的一處草叢後，約瑟當場撞見拿弗他利與另一名基尼村莊內的女孩在一起胡混。

他也數次向父親報告西緬和利未喝醉酒，和附近城鎮裡的男人爭吵、甚至大打出手的事件。

然而，在他的告密歷史中最嚴重的一件事，與長子流便有關。當時約瑟十四歲，一天下午（那是個溫和的三月天，牧草開滿罌粟花、銀蓮花、芥末花、鳶尾花、羽扇

---

4 出自維吉爾所著《牧歌》（*Eclogues*）1章6節。

豆）他走過女人們的帳篷，聽見他過世母親的使女辟拉的帳篷裡傳出呻吟聲。他猶豫了一下，還是忍不住靠近，從帳篷前面的門簾往裡頭偷看。全身赤裸的辟拉躺在流便的懷裡。

約瑟倒抽一口氣。彷彿流便奪走父親的尊嚴，還抹上了屎。他怎敢膽大包天做出這種事？辟拉是他父親的妾，象徵意義上來說，代表著與自己的母親同寢。是他強逼她？她有同意嗎？兩種選項都不可想像。約瑟又怕又怒地跑向雅各的帳篷，懷著羞愧為父親哭泣，被迫報告他剛才所見到的驚恐一幕。

從全局來看

〈箴言〉說：「造謠者的話如同美食，深入人的肚腹。」[5]約瑟的告密令十兄弟非常不滿。他們不只怨他是父親眼裡的金童，也恨他是個間諜。單單是約瑟的出現就使他們感到很不舒服，感覺像遭到批判、攻擊。當他們看到他前來執行他的骯髒小任務，他們鐵了心，對他不理不睬。他們對他說話通常是冷嘲熱諷，雖然父親在場時，他們有足夠的自制力去表現文明禮儀。

反觀約瑟這邊，他無視兄弟們的怨恨。他將那些酸言冷語解讀為他們的粗暴和壞脾氣，他無法想像這一切與他自己有關。

是在什麼時候，純真變成了刻意的無視、信任成了無知的天真、合宜的自尊成了自戀？但是，假如約瑟沒有這麼遲鈍，他永遠不會挑起兄弟們對他的恨意，也就不

5 箴言18章8節。

會被賣到埃及，那麼，等到未來發生饑荒，整個家族便會通通餓死。所以，從全局來看，他缺乏同理心的這件事，反倒成了所有人的救贖。他的道德缺陷——自負和遲鈍所造成的錯誤作為，例如告密和炫耀他父親的偏愛——其實都是祝福。

在這個故事裡，我們一般以為的錯誤概念是值得懷疑與推敲的。在後面的段落，說書人會呈現出約瑟以自我為中心、看得不夠長遠的部分。看似我們生命裡的錯誤，其實正是邁向真正「至道」的一步，雖然我們當下可能看不出來。

彩衣

在約瑟十七歲的時候，他的父親買了一件彩色的長袍給他。那是一支前往西南方的米甸（米德楊）商隊手上最重要的貨品。雅各花了一整個早上的時間討價還價，他的雙眼閃爍渴望的光芒，最後，他得多付上好些冤枉錢，才買回這件外袍。

這件外袍以上好的羊毛織成，以鮮紅、緋紅、赤褐、黃、綠、寶藍、青綠和泰爾紫（Tyrian purple）等顏色染成。領子和袖口以金銀雙色的線縫製，外袍正面繡上凡間天堂的美景：上方有日月星辰閃耀，底下是一座花朵盛開、爭奇鬥艷的花園，中間是生命樹，兩旁各有一名鬍子捲曲的天使，他們背後有一對收合起來的巨大老鷹翅膀，彼此面對面站著。兩名天使露齒而笑，彷彿耶和華剛才說了一個令人拍案叫絕的笑話給他們聽。

雅各買下這件外袍的時候，心裡在想些什麼？當然跟這件事帶來的後果無關，在那種盲目底下，他與他最疼愛的兒子很像。他只看到他想看的東西：他以最豪奢的物質方式來表達他對約瑟無比的疼愛，宛如富豪為他年輕的情婦買了一枚鑽戒，同時卻對妻兒極其苛刻。

他對約瑟的熱情有種幾近瘋癲的特質，你甚至可以說這是一種偶像崇拜。但是，作為一種天意呈現的模式，無意識心靈的聰明之處顯然正在運作。正是雅各的愚昧迫使我們的故事來到引爆點。用約伯的話來說便是：

因我所恐懼的臨到我身，
我所懼怕的迎我而來。[6]

雅各最害怕的莫過於失去約瑟。但是，正是這份禮物造成他痛失愛子。

在雅各買下外袍之後，他舉辦一場宴會來紀念這件事。他宰殺了一頭小肥牛，要大家痛快地吃和享樂。在宴席上，他拿出這件外袍送給約瑟，舉著外袍讓年輕人伸出手臂穿過袖子。他懷著滿心的寵愛和憂愁，附在約瑟耳邊悄聲說：「你是真正的兒子。你是真正妻子的真兒子。」

那天稍晚，約瑟把父親附耳所說的話告訴其他兄弟。

利未說出了大家心裡的感受。「真兒子？真正的妻子？」他咆哮：「那我們就變成私生子嗎？那我們的母親就成了娼妓？」

利未老是這麼愛發脾氣。約瑟心想。

6 約伯記（約伯傳）3章25節。

煩躁不安

約瑟每天都穿著這件彩色外袍到處炫耀。外袍本身就很漂亮搶眼，這更是他受到揀選的明顯象徵，使得他的哥哥們煩躁不安。他們開始在他背後叫他是「小混球」，偶爾也會當著他的面這麼說。

他們的恨意每天滋長。

第一個夢

有天晚上，在春收伊始之際，約瑟做了一個夢：他和兄弟們在田裡捆綁麥子，突然間，他捆的麥捆站立起來，他兄弟們的麥捆形成一個圓圈來圍著他的麥捆，並且臣服下拜。

他一醒來，便曉得這個夢重要至極。[7]他大可以自己知道就好，不要把這件事說出去，並且仔細思考，而不是直白地告訴兄弟們；但因為他將自己的喜悅投射在他們身上，他毫不遲疑地讓他們知道這個夢。畢竟，這是一個真實的夢——也就是說，這是個將來有一天會成真的夢，一個關於救贖的夢，而事情發生的時候，他將身處中心（當然，他是應該在事件的中心沒錯）。

7 撒費得的埃里艾澤之子耶戶達拉比（Rabbi Yehuda ben Eleazar of Safed）說：「約瑟可以分辨什麼是普通的夢、什麼是神聖的夢，如聖經所述：『人躺在床上沉睡的時候，神就用夢和夜間的異象，開通他們的耳朵，將當受的教訓印在他們心上。』」（約伯記33章15–16節）

至於他要把他們從什麼狀況中救出，他沒有費心去問。重點在於救贖，這是給他們所有人、給他們整個家族的救贖。若是他的兄弟知道了，會跟他一樣雀躍不已！

那天一大清早，在眾人隨著牛羊一起出外放牧前，約瑟發出訊息給大夥，要他們在父親的帳篷後面跟他碰面。

太陽已經升起，鳥兒正在高歌，儘管仍有些許寒意，但這一天將是暖和的一天。當他們全都抵達（最後一個到的是以薩迦，他緩緩走來，邊打呵欠），約瑟告訴他們自己做了一個了不起的夢。他一邊笑著一邊向他們描述夢境，當他說完，他看起來像在等大家鼓掌，並且與他一起開懷同樂。

其他兄弟震驚不已。震驚接著轉為喪氣，喪氣轉為全然的憤怒。他們心想：「不可思議，這個自大狂妄的小混球真夠厚顏無恥，當著我們的面炫耀他高高在上、不可一世。」

「所以你該統治我們大家？」西緬冷笑，「你做的夢就是這個意思？」

他是怎麼搞的？約瑟心想。這個夢是個非常好的消息。

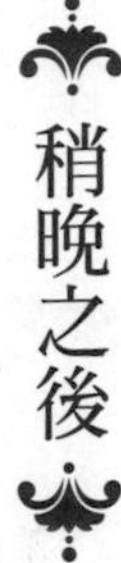

稍晚之後

兄弟們會面。他們怒氣高漲，像是蜂窩被捅的大黃蜂。眾人七嘴八舌。

「不能再繼續這樣下去了。」

「我們得做點什麼才行。」

「做什麼？我們能做什麼？」

「他在說謊。他才沒有夢到這種事。」

「沒有他就一切完美。」

「假如沒生下他，那會更好。」

眾人你看我、我看你，然後目光轉向地面。他們所有人心裡都想著：要是他死了會有多好。

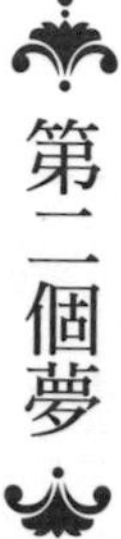

第二個夢

過了三個晚上之後，約瑟做了第二個夢。這個夢很鮮明，彷彿事情就在他醒著的時候在他眼前發生。「我在做夢。」他在夢裡對自己說。但這是誰的聲音？是聽到這些話的自己，還是說話的自己？兩者是同一個人？他現在還有沒有身體？

他的意識似乎在漂浮，往四處擴展，對即將發生的事情保持警覺。他抬頭看著天空——此刻是白天還是晚上？——他此刻在天空中，他此刻就是天空。一個發光的形體滑入視野。那是太陽，卻是以男人的形體出現，那也是他的父親。接著滑入的女人是月亮，也是他的母親，再次活著。接著是十一個比較小的形體，那些是他的兄弟——閃爍的星辰。

在他面前，他們全都朝他下拜（突然間出現地面）。這是人們可以想到最實際的表態，是對一個人最簡單明瞭的承認。他們的行為全都在陳述一件顯而易見的事。每個人都知道這件事，他們只是還不知道自己知道而已。「這是一個夢，」他對自己說：「但這是真的。」

他睜開眼睛。他記得一切。這是關於救贖的第二個夢，甚至比第一個夢更強、更有力。他幾乎不相信自己的好運——也是他們的好運——因為這影響到整個家族。他的父親也在其中，這次連他的母親都在（即便她已經過世）。她在他面前下拜是什麼意思？那怎麼可能會是未來的預兆？但不要緊。很明顯的是，第二個夢更加重要。

他躺了幾分鐘，品味這個夢的力量，享受他躺在毯子底下身體的溫暖。然後他起床、梳洗、更衣、趕緊走出帳篷。他得把這個夢境告訴他所有兄弟。這次他們一定會看出來，有一個祝福要透過他賜福在他們身上。這個意思再清楚不過了。他們會有多麼高興啊！

他依舊笑容滿面，儘管他自己沒發現。微笑掛在他唇上一會兒，彷彿青草葉尖上的露水。

不高興

兄弟們不高興。

約瑟把這事告訴雅各的時候，雅各也不高興。雅各責罵他，命令他以後不要再把他做的夢告訴大家。在自己兒子面前下拜，這種行為很羞辱，一定會在他的其他兒子之間引起極大的不快。但在後來，雅各思考這個夢良久。

這男孩在許多方面都非常優秀，而且樣貌美得令人心痛。雅各也從未見過他這等聰明才智，此外，他機智伶俐，口才便給，做事實際，風度翩翩。從來就沒有理由要擔心他的未來。

但經過這個夢之後，雅各開始擔心。偶爾他會因自己的思緒而驚恐得輾轉難眠。他會注視約瑟熟睡的身影，傾聽他的呼吸，心裡浮現大災難的情景而心跳加快。他多次為約瑟的安危禱告，但他的禱告宛如失去翅膀的鳥兒。

臣服之夢意味什麼？他曉得神無視常規，但這未免太過頭了些。偏愛小兒子勝過大兒子是一回事，但是，要一個父親向他的兒子下拜？這種事前所未聞、難以容忍。這個夢當然不可能是這個意思。

但如果不是那種意思，這個夢又意味著什麼？他擔心約瑟的自信。把自己想得如此高高在上是很危險的。另一方面，這男孩受到無比祝福，只有傻瓜才看不出來自己身上得到多大的祝福。不，不管發生什麼事，他都會安然無恙。他注定要成就一番大事，神會以祂神祕的恩典帶他們通過難關。雅各很確定。但話又說回來，他也曾經篤定他的摯愛拉結會永遠陪伴在他身邊。

儘管如此，一切還是會有圓滿的結果。他知道一定會是如此。他如此希望。

最後一根稻草

啊，但希望是不夠的。這是恐懼的一體兩面。這是一個人渴望未來無盡可能的微小投射。

我們已經來到這個故事裡最致命的不穩定之處。把情況想成一座天平，到目前為止，約瑟在秤盤一端，十個同父異母的兄弟在另一個秤盤上，仍然處於某種平衡狀態。但現在，我們的說書人準備要在其中一個秤盤上增加重量，指針會整個傾向一邊。哪一個秤盤會翹起來，哪一個又會下降？目前還無法得知。我們現在只知道中間的桿子要撐不住了。

接下來，準備放到秤盤上的重量會是什麼？是約瑟做的第二個夢？還是某些跟他有關、還沒被公布出來的欠缺考慮的作為？或是粗暴的西緬純粹就是某天早上醒來心情很差，所以光是看到他俊美的弟弟——上天揀選之人、他父親靈魂的喜悅——就足以引燃他殺人的怒火？我們能知道嗎？我們在乎嗎？

有人提醒我一個古老的阿拉伯故事，描述一位貪心的駱駝車伕，把一捆又一捆的稻草堆在他最心愛的動物身上，堆得高高地，因為他一心想從駱駝身上榨取最後一點好處，便又在草堆最上面加擺一把稻草，結果駱駝的背脊應聲斷裂。他的一個笨蛋朋友來訪，努力要幫他分析情況以避免未來的災難。這個朋友檢查了已死的駱駝和散落滿地的成捆稻草，問駱駝車伕哪一根是最後一根稻草。車伕拿著一根量桿追著他跑，把他趕出院子。

謀殺

兄弟們從雅各嘴裡聽過該隱與亞伯的故事，但這故事對他們而言沒有任何意義。如同所有古老的故事，他們無法對其產生共鳴，那些遙遠的過去似乎與現在毫無關聯。他們不明白，人類史上的第一起謀殺事件，就是第一起嫉妒事件的直接結果，而該隱的嫉妒也是他們的嫉妒。

該隱的嫉妒和他們的嫉妒相同，都是源自遭到拒絕的感受。該隱真心誠意帶了豐富的蔬果到祭壇去獻祭，卻被耶和華拒絕，該隱「就大大地發怒，變了臉色」（他當然會變了臉色！）。

關於這一段經文，一位名叫鞋匠哈尼納（Hanina the Shoemaker）的古代加利利拉比表示：「他像個孩子，受到責罰以後，就把氣出在弟弟身上，如聖經所述：『拿你的嬰孩摔在磐石上的，那人便為有福！』」（詩篇／聖詠集137章9節）另一位古代的拉比，抹大拉的左林之子席蒙（Shimon bar Zonin of Magdala）說：「該隱認為，假如他

的弟弟死了，神最愛的就會是他，如聖經所述：『他已經吞滅死亡直到永遠。』」（以賽亞書／依撒依亞25章8節）

然而，從全局來看，這幾個兄弟是無法責備的。他們控制不了自己的憤怒，而內心湧現的滿滿恨意，如色慾一樣具有難以抵抗的誘人力量，他們也質疑不了。他們有種幻想，認為約瑟就是他們飽受磨難的原因。假如他們更擅於傾聽，就會知道該隱的下場為何如此悽慘：他弟弟的血繼續不斷從地裡哀告，他內心的懲罰令他覺得太過沉重，遠超過他所能承擔的。

最後一項細節：該隱以一句反問來回覆神：「難道我是看守我弟弟的嗎？」這問題有兩個同樣正確的答案。需要非常大量的練習，才能發現哪裡是對的、哪裡是錯的。

監視任務

有一天，雅各交代約瑟去查看他那些哥哥們的狀況，並且回來向他報告。約瑟開心地出發去執行他的任務。

約瑟刻意的無知很容易理解，但雅各的無知呢？他當然曉得兄弟們的憤怒；他自己就是從他滿腔怒火的哥哥以掃那裡逃走，因為以掃得知雅各欺騙他，獲得父親原本應該給他的祝福，憤而發誓要殺了他。雅各現在不是應該更謹慎行事嗎？

嗯，這些都是事後諸葛。沒錯，他當然應該要謹慎行事。但事實是，他從未想過約瑟可能會身陷危險。

一方面來說，這些兄弟清楚得很，不能顯露他們對約瑟真正的感覺，所以約瑟還沒有真正面對他們的盛怒和咬牙切齒的恨意。

另一方面，儘管雅各很擔心，但不知怎麼地，他覺得約瑟多少有受到保護。畢竟，約瑟不只是亞伯拉罕的曾孫，他是萬中選一之人，如此俊美又聰穎，似乎不受任何世間憂愁影響。即便他在六歲時遭逢母親離世，但這件事對他的影響不過幾星期而已。他每天哭得掏心掏肺，然後哀傷結束，他又恢復往昔的快活，對於母親的回憶，宛如在心中漸漸熄滅的烽火。

「那做夢的人來了」

約瑟抵達多坍（多堂）已是中午時分，他的哥哥們在那裡照顧羊群。草地上有許多以石頭做成的池子，在雨季時作為集水和儲水之用。

第一個看見他的是西緬。

「你們看，那做夢的人來了。」他說：「我們的機會來了：我們將他殺了，把屍體丟在枯井[8]裡，就說他是被野獸吃了。讓我們看看他的夢能不能實現！」

所有兄弟都點頭同意，其中一些人笑得苦澀（唯一怒火尚未爆發的人是猶大，他正在另一處牧草地上，照顧一頭剛出生的小羊）。

約瑟在遠處看見他們的身影，他露出微笑。他很高興來到這裡，他想他們也會很開心。當他走近，他看不懂那一張張憤怒的臉龐。西緬和利未跑上前來，將他的雙手反扣在他身後。有人大吼大叫，在他搞清楚狀況前，他的外袍已經被撕破，接著是他的長袍，有人揍他的臉，他的嘴流出了血。

他們抓住他的雙腳，拖著他走。他的頭沿路撞來撞去，四周傳來的盡是吼聲和噓聲。然後他往下墜落。

他的右肩撞上坑壁，整個人摔在一塊岩石上。他頭痛欲裂，肩膀有灼熱感，突然間，光線變暗，他獨自一人處在陰影之中。

8 編注：又譯作「坑」或「深坑」，約瑟掉落的坑洞是一口乾掉的井。

在井底

起先，他因為太過疼痛、太過害怕而不敢亂動。

他時而清醒、時而昏迷，搞不清楚時間了。他躺在這塊冰冷的岩石上才幾個鐘頭，還是已經過了好幾天了？他聽到動物的呻吟聲，因而再度害怕起來。然後他發現，那隻發出聲音的動物就是他自己。

隨著疼痛感稍微褪去，他漸漸能夠思考。為什麼他的哥哥們要對他做這種事？他們怎麼能這麼殘忍？他們怎麼會看不出來他是什麼人？——他是上天揀選之人，是他們所有人的救贖。他感覺悲傷、憤怒、困惑不已。一切都說不通。

然後，就在他渾渾噩噩、腦子無法思考之際，突然間靈光一現。是他做過的某件事深深激怒他的哥哥們，氣得他們想要殺了他嗎？是那件事，還是所有事——包括他整個人的存在？

在他發抖個不停的此刻，他可以由外看見自己，看到自己是一個得到極度寵愛的孩子，坐在父親的右手邊，等著全世界都來臣服在他腳邊。他震驚不已，為這種傲慢自大和愚蠢的權力意識而感到痛心。他明瞭自己什麼都不配，甚至連自己的性命都配不上。

全身赤裸，冷到發抖，渾身瘀傷，血跡斑斑，驚恐慌張，屎尿臭氣逼人。他沒有祈求原諒，而是祈求能夠瞭解（哪怕是一丁點的理解）自己是如何陷入這種不神聖的混亂處境。他為自己的謙卑而祈禱，假如他這次能活下來，他就能度過黑夜，如同商隊跟隨北極星前進。

學習謙卑

一位古代的哲學家寫道：「往上走的路和往下走的路是同一條路。」[9] 約瑟所掉落的這口枯井是培育他轉變的子宮。他得紆尊降貴，審視內心，待在那裡，沒有庇護，沒有希望。這是唯一能帶他往上的道路。然後，他得從這個矛盾的世界裡找到他的路——流亡是回家的路，奴役是自由之道，無所知是終極的智慧。

當然，沒有人想受苦受難。但是，我們之中的幸運兒會想辦法從自身的磨難之中，學到別處都學不到的東西。然後，我們清晰而欣喜地知曉了所有磨難的原因，刻入記憶的痛苦取代了睡眠，逐漸滴入我們心裡，我們豁然開朗（甚至是非自願的），明白其中有種強烈的恩典形塑我們的目標。謙卑是自然而然的結果。我們學習如何不再掌控——我們發現，打從一開始，我們就沒有控制任何事情。

謙卑看起來是很日常的事，就像打招呼和說再見。在一開始，謙卑可能看起來如同死亡。當你曾經一帆風順、為此驕傲不已，如今你便能看出那是一種自私；驕傲經過仔細檢視便分崩離析，在你心裡發生深遠的改變。在這當中，沒有任何羞辱和恥辱。這是完全向事實臣服。

你發現你已經放下，進入一種你所無法比擬的寬廣智慧之中，而那是最溫柔、最舒服的感覺。你站在你如今僅存的部分內，你的自我死去，持續緩慢地死去，就像一棵樹放開了身上所有的葉子。褪下一身美麗的彩衣，樹就屹立在冬日嚴寒之中，完全曝露在外，完全臣服。

9 出自希臘哲學阿赫拉克利特（Heraclitus）的《殘篇》第六十篇。

慶祝

兄弟們坐下來吃飯，坐在他們鋪在草地上的毯子上。牛群和羊群在附近徘徊。這一天天氣涼爽，但不至於冷到要生火。

他們將麵包、起司和裝著酒的羊皮袋傳來傳去，開懷大笑，談天說地。西緬說，那口枯井是個做夢的好地方。利未說，假如約瑟做夢有這麼厲害，他可以替自己夢到一座通往天堂的階梯，或著一道通往枯井上方的樓梯。大家都笑了。

在說笑的沉默空檔，他們聽見了約瑟嗚咽的聲音：「救救我。」

「我們就來看看神是否會救他吧。」西布倫說。

猶大回來的時候，他的兄弟們把所做之事告訴他。猶大感到震驚。他明白，這個男孩的死對雅各會是多麼重大的打擊。他跟其他兄弟一樣討厭約瑟，但不可以這樣做，他們不能對自己的父親做這種事。他想反對，但他明白他說的話沒有任何用處。他們的憤怒已經失控，若是他現在成為他們的敵人，他們以後便不會聽他的。現在不是插手管這件事的時候。

利未把羊皮酒袋遞給他，告訴他別這麼僵硬。放輕鬆、喝點酒，和他們大家一起慶祝。他們所做的事是正確的。那個傲慢的小混球活該。

逐漸放下

過了一天一夜（在時而清醒、時而昏迷的情況下，也可能是幾天幾夜），約瑟躺在井底，為了自己豁然明白的道理而掙扎不已。寒冷、骯髒和身體的疼痛，與他感受到道德上的痛苦相較，根本不算什麼。他對兄弟們種種傲慢和無禮的回憶在他心裡閃現，使他心痛。

他為自己深深感到羞愧。他感覺自己彷彿變成了亞當，在那則他父親告訴他很多次的故事裡，吃下了分別善惡樹之果。這是好事一件，因為他的眼睛突然被打開，他知道他在神、在自己面前都毫無遮掩，脫去一身的辯護和理由。他怎能長期以來只顧埋首在自己的事情上、過得如此行屍走肉？受到上天揀選的優越感怎麼將他帶到如今這種宛如悲慘世界、肩頭上壓著莫大悲傷的境地？

他得彌補自己的哥哥們——這一點毋庸置疑。但要怎麼做？一個道歉似乎是很差勁的補償。況且，他們也氣得不得了，根本聽不進去。他們會把這個道歉看成他用來說服他們、藉此脫離險境的工具。反正，這樣做沒什麼實際意義。他可能會被留在這裡等死，也可能會被拖出去打死。

他心裡燃起一股羞愧感。「原諒我。」他不是向神祈禱，而是向兄弟們祈求，儘管他知道這麼做是很荒唐的事。沒有解決的辦法。除了「願祢的意旨成就」[10]這句話外，也沒有其他言語可供祈禱。他發現自己背靠著石牆，緩緩坐了起來。在頭頂上，星星在清冷的光芒中觀看。

然而，「願祢的意旨成全」這句祈禱有個很奇怪的地方。難道這不也是一種傲慢？他是什麼人，敢告訴神應該做什麼、不該做什麼？神的意旨當然會成就，怎麼可能不成就呢？一切發生之事全是神的意旨，否則就不會發生了。倘若你不明白這點，你一定遲鈍地可以。說他哥哥們的行為違背了神的意旨？光是有這個想法就是瘋了。

所以，儘管聽起來很奇怪，但把他扔進這口井裡的，就是神。他是活是死全看神的意旨。說到底，他的哥哥們和這一切無關，他們都只是神的工具。至於他自己，除了神的意旨之外，什麼都不能做。

10 編注：馬太（瑪竇）福音26章42節。

「不是我，乃是祢。」他心想：「不要從我的意思，只要從祢的意思。這件事不是由我所做，也不是我的兄弟們所做。不管我們認為我們在做什麼，祢認為怎樣好，我們就怎樣行，我們全照祢的旨意行事，敬愛的主，因為我們都是祢手中的工作。」

這個結論並非經過理智的推論所得，而是他的靈光乍現。這不是一個想法，而是一種必然。

所有他感受到的羞愧和哀傷開始漸漸消散，彷彿太陽從厚重的濃霧後面漸漸綻放光芒。不僅如此，甚至更多：他開始有所察覺——這有可能嗎？——胸口升起一種欣喜之感。生命真的這麼簡單？這件已經發生的事，是否可能是好事一樁？

他一直掙扎之事現在放開了他，又或是他放開了這件事。他一直努力去反抗現實的潮流，現在他騎在浪頭上。他的心是一艘漂蕩在滾滾河水裡的光滑小舟，任憑小舟帶他去哪裡，就往那裡去。方向無所謂。他的性命無所謂。最要緊的是放下。

商隊

隔天早上，約瑟的兄弟們用過早餐，遠遠看見一支以實瑪利人（依市瑪耳人）的商隊離他們越來越近。

當商隊接近，「我們殺了約瑟又能得到什麼好處？」猶大對他的兄弟們說：「不如乾脆把他賣給這些商人？這樣，我們用不著下手害他；他畢竟是我們的弟弟，我們的骨肉。」

於是，他們把約瑟從井裡拉上來，替他清洗，給了他一件乾淨的袍子，拿了點麵包和酒給他吃。等商人抵達時，他看起來（勉強）像樣，還能見人。

以實瑪利人

以實瑪利人正要從基列（基肋阿得）前往埃及。他們是以實瑪利（依市瑪耳）的後代，為亞伯拉罕和他的奴隸夏甲（哈加爾）所生之子——這個男孩正如預言所稱，長大成人之後，像隻野驢一樣自由，他的手要攻打人，人的手也要攻打他（這毫不意外，因為在他長大的過程裡，他經常看見他的母親被繼母虐待）。

以實瑪利的後代仍舊有些狂野不羈，但經過幾個世代之後，他們從強盜土匪演進為精明的商人。他們綁上頭巾，身穿白袍，皮帶上佩掛長劍和短刀。在他們騎乘的駱駝背上，載滿香料、油膏和樹脂，這些都是在埃及被當作高級品的醫藥、化妝品和防腐作業的材料。他們也靠賣小孩來獲利，以極低的價格向窮困的迦南農夫購買小孩，能除掉多餘的嗷嗷待哺之口來多賺幾塊錢，這些農夫高興都來不及。

商隊停下來。領隊從駱駝坐騎下來，向十兄弟祈福問候，詢問他們是否有東西要賣（不需要有人翻譯，因為以實瑪利語和希伯來語非常相近）。

十兄弟對於商人在這個恰好的時刻來到而興奮不已，他們表示手上有個很迷人的奴隸要賣。以實瑪利人檢查瑟縮成一團的約瑟，開出二十舍客勒（協刻耳）[11]的價錢來買下他。十兄弟知道，出二十舍客勒買一個這麼英俊聰明的年輕人，價錢低到未免可笑，但是討價還價根本不是重點，所以他們接受這個出價。

十兄弟的反應讓以實瑪利人有點失望。他們已經把飼料袋綁在駱駝的鼻子上，也把駱駝長滿繭與厚皮的膝蓋綁好，準備要花一早上的時間來議價。巧妙地來回議價，是商人的樂趣之一，第一次出價對方就立刻接受，似乎是種污辱，彷彿希伯來人不認為他們是可敬的對手。

但他們很快就明瞭這其中有鬼，與年輕人身上的瘀傷大概不無關係，十兄弟解釋這是他重重摔了一跤的結果。這個價錢足以彌補他們少了樂趣的損失，因此，他們笑呵呵地騎著駱駝離開。等他們到了埃及，新奴隸一定會值至少兩百個銀幣。

不知各位有沒有注意到，約瑟在整個交易過程中都靜默不語？他大可以呼叫，去對抗他的哥哥們，以他便給的口才，絕對能夠打動以實瑪利人的心，讓他們帶他回

11 編注：舍客勒是希伯來人採用的重量單位，也指金錢的價值，一舍客勒大約是十一．四克，此處是指舍客勒的銀子。

家，他富裕的父親還可以付給他們一筆可觀的贖金。但他半個字都沒吭聲。

他再次意識到，某種敬畏之心使得所有對抗和聲張都顯得愚蠢，因為把他扔進井裡、將他從井裡拉出來的，不是他的哥哥們，而是某種神聖智慧；此刻，在蜿蜒的路上，這神聖的智慧正要把手腳都被綁起來的他，送往黑色之地——埃及。[12]

---

12 多沙之子耶和書亞拉比（Rabbi Yehoshua bar Dosa of Shunem）說：「約瑟知道是神將他扔進坑裡，並且帶他上來。如聖經所述：『他從禍坑裡，從淤泥中，把我拉上來，使我的腳立在磐石上，使我腳步穩當。』」（詩篇40章2節）

不受安慰

在商隊離開後，十兄弟宰了一頭羊，將約瑟的外袍浸在羊血裡。

如各位所記得的，當雅各從哥哥以掃那裡偷走父親的祝福，他也宰了一頭公羊，現在又是一頭公羊和一場騙局，之後在猶大和塔瑪的故事裡還會有第三頭公羊。這是神聖諷刺（divine irony）還是因果報應？或是在那個宰羊就跟我們現在去開冰箱一樣普遍的時代，這純粹只是個巧合？

十兄弟滿心歡喜地將約瑟的外袍浸在羊血裡。外袍表面變得黯淡，鮮豔的顏色消褪，兩位天使變得僵硬。

他們驅趕牛羊，返回家中。他們到家之後，把外袍拿到父親面前，個個面帶虛假的痛苦神情，說道：「父親，我們發現這個。看起來是你兒子的東西。」

「噢，敬愛的神！」雅各哭喊，「這是我兒子的外衣。有野獸把他吃了，約瑟被撕碎了！」他癱坐在地上，不斷啜泣。當他能站起來的時候，他撕裂自己的衣服，披上

麻布。

利亞、兩名小妾、媳婦和便雅憫全都試著安慰他。其他的兒子多說了幾句模稜兩可的話，為他們父親的巨大哀痛所震懾。在他們手裡的巫婆毒藥有憤怒、懊悔及罪惡感，現在又摻入了憐憫。

但雅各不肯接受他們安慰。他沒辦法得到能夠撫慰這種痛失的安慰。連他與神的數次接觸都無法對他的絕望起到一絲影響，甚至在伯特利（貝特耳）的那一晚都安慰不了他：那晚他做夢，看見有一道階梯從地面升起，通往天堂，天使在階梯上，上去下來，彷彿隨著他聽不見的聖樂行進；就連在雅博河（雅波克河）渡口的摔跤比賽也安慰不了他，當時的他與神纏鬥多時，並且贏了神，假如神就是那個身材結實、有著一雙開闊大眼而且永不眨眼的陌生人。

「我不會停止哀傷，」他哀哭，「我每天每個鐘頭都要為我兒子哀悼，我就是下陰間，也要繼續為我兒子悲傷！。」

他第二次失去摯愛，回憶和祈禱都無法將他從深陷內心的大坑裡拉起來。

利亞

看到他這個樣子，利亞的心都碎了。

多年前的她是個膚淺、不討喜的女孩，但她已經長成一名懷有深刻情感的女人。在她年輕時，她經常感覺拉結的鋒芒遠遠蓋過自己，尤其是在拉結與雅各戀愛之後，在他為了摯愛而再做一次白工的那七年間，利亞收斂自己，扮演一個好人家裡矜持年輕女主人的角色。

與她充滿朝氣的妹妹相較，她平淡呆板——你看得見她的眼神無精打采，眼珠子後頭似乎有某種心靈迷霧圍繞。她父親所具有的那些比較不討人喜歡的特質，她至少也有一種，後來她自己回想起來都覺得不好意思：私下對道德不以為意、用商人的方式打量他人、絞盡腦汁思考要怎麼以最少的付出從對方身上獲取最大利益。

一直以來她都是個孝順的女兒，所以她配合拉班的騙局，取代真正的新娘。但在新婚之夜的隔天早上，雅各流露出的痛苦和憤怒使她渾身發抖；她不知道光是她的出

現就重傷了他。

在接下來的年歲裡，儘管他在房事上滿足她，但她渴望他的感情，她對於生命裡少了感情而沮喪失意。她看見他和自己的妹妹彼此情投意合，這深深傷害了她，因為她也愛雅各。即便她生育力旺盛——在那個時代，生育多產是一個女人的榮耀——可她什麼都做不了，無法贏得丈夫的愛。要不是為了她的幾個孩子，以及她對他們的愛，寂寞的重量早就壓垮了她。

約瑟出生之後，雅各對他的偏愛更勝過她所生的孩子，這也令她難過，儘管她能夠理解。約瑟是個出色的孩子。

然後，拉結在四十二歲的時候過世。利亞認為這對她會是某種解脫，但事實並非如此。雖然她嫉妒，但她還是愛自己的妹妹。她也愛雅各，看他受盡巨大折磨而不想將他擁入懷裡是不可能的事。但他拒絕所有安慰——把她趕開，說他無法忍受。最後，她什麼辦法都想不出來，只有她的溫柔，沒有使用的機會，但永遠都在。

她瞭解約瑟對雅各而言有多麼重要，她知道在這個好人與徹底絕望之間，約瑟是唯一的橫阻。她想把這一點解釋給她的兒子們聽，但只要她一開口提到這件事，他們就會激動地表示不滿，打斷她的話。

約瑟失蹤後，雅各崩潰了。利亞看見他像個挨打的孩子一樣在現實面前瑟縮起來，早上起不了床、說不了話、食不下嚥、待在他的帳篷裡一哭就是好幾個鐘頭。她真的心碎不已。這種情形持續了好幾個月，她認為他可能永遠都無法爬回白天的世界，無論他是落入哪個陰間的坑裡，在黑暗中與其他孤獨的亡魂一起哀泣。

不過，經過許多個月，又數年過去，雅各復活了——假如「活著」表示努力忍受沒有絲毫喜悅的每一天。

沒什麼事是利亞可以替他做的。偶爾他會讓她牽他的手。她很清楚什麼都別說，除非他先開口跟她說話。

她也感覺到她的幾個兒子一定跟約瑟的死脫不了關係。當他們把血衣拿給雅各的時候，她也在場，她看得出來他們有所隱瞞。她不想知道他們是不是牽涉其中，或是如何牽涉其中。她現在的任務十分艱鉅：永遠處於警戒狀態，隨時等著把她少得可憐的安慰送給雅各。她也沒心思去應付她那幾個兒子了。

第二部

猶大與塔瑪

Judah and Tamar

代替題外話的題外話

我們的故事發展越來越精彩，但是，溫和的讀者，我現在得中斷主要的劇情，先來聊聊猶大與塔瑪，這是一個故事中的故事。之所以這樣做，乃是我們那位對營造懸疑感有敏銳直覺的說書人，以這種方式建立他的敘事架構。[1]

假如你有興趣，我會再插入一段關於題外話的題外話，回溯一段迂迴的文學史，從《吉爾伽美什》（*Gilgamesh*）的伊絲塔女神（Ishtar）的故事談起，到《伊利亞德》和《奧德賽》、《一千零一夜》到《唐吉軻德》、《項狄傳》（*Tristram Shandy*）和《宿命論者雅克》（*Jacques le fataliste*），再到托爾斯泰、普魯斯特，以及其他無數作家和作品。這是一段輝煌的歷史，但我們不需要被它所拘束。

各位讀者，若有人等不及想看下一段約瑟的故事，請跳至第三部（可是我得先警告你們，你們會錯過猶大個性形塑的基本要素）。其餘的各位，只要你們知道猶大即將踏入後設的時間扭曲（time warp）狀態，就應該繼續往下讀。

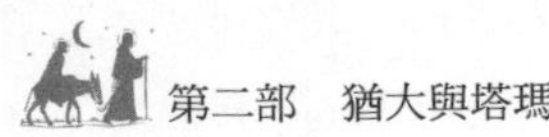

在約瑟的世界裡，時間——我們感知機制當中很有彈性的一種無形之物，我們自認為生活在其中——現在慢了下來，跟蝸牛爬行一樣緩慢。在約瑟被送到埃及的兩星期內，猶大的世界過了二十二年：他結婚、成了三個兒子的父親，孩子全都大了，到了娶妻成家的年紀。然後，就跟他從前離家一樣突然，他又返回希伯崙，與他的父親、母親、剩下的十兄弟住在一起。

此時的他是一位年紀更長、更有智慧的男人，帶著他的一個兒子和一位大腹便便的媳婦回去，而這位了不起的媳婦，之後再也沒人聽過她的消息。

1 其實，這是善於營造懸疑感的編輯，將獨立完整、單獨存在的「猶大與塔瑪」故事與約瑟的故事拼接在一起，完美融入，不過收尾有點凌亂。

猶大離開

在約瑟被賣到埃及之後，猶大離開希伯崙，帶著他的牛群和羊群，往北方走。

他想替自己建立新生活。有他的兄弟陪伴其實很痛苦，他因此經常想起自己所犯的罪，儘管他不需要看到兄弟的身影來提醒他。

當他晚上躺在床上，試著在睡夢中找尋慰藉，他會看見約瑟當時的模樣，看見從井裡被拖出來的他，全身傷痕累累，又痛又醜。而猶大被迫要保持緘默，對於共謀之事，他永遠無法原諒自己，有如一塊肉鯁在喉頭，既無法吞嚥，也咳不出來。

一切對他來說十分困難，但最糟的是，他與父親的哀傷如此之近。老人的身體大不如前。因為哀傷，他的雙眼空洞，肉身從骨頭開始萎縮。看見這副模樣，猶大心中盡是罪惡感和憐憫。

他想說：「父親，別難過了。最後一定會圓滿。」但這種話只是自我放縱，缺乏事實佐證。他唯一能誠實說出口的是：「父親，我們騙了你。我們把約瑟賣了當奴隸。

他可能還活著。」但這麼說是仁慈的嗎？又或是會傷了父親的心，直接把他推入無底深淵？

即便如此，說出實情不是他的選擇，也不是他能做的決定。抑或這個想法也不過是怯懦的藉口罷了？忠於自己的兄弟是美德嗎？這是對父親的背叛、讓父親活下去的方法，抑或兩者皆是？

整件事太複雜、太羞辱，令他難以思考。所以，最好還是搬走吧，搬到一個沒有人聽說過他們家族的地方，重新開始。

塔瑪

往西北方、靠近一座皇家城市亞杜蘭（阿杜藍）的地方，猶大在那裡安頓下來。他娶了一名叫做書亞（叔亞）的耶布斯女子為妻，兩人的婚姻幸福美滿。事實上，兩人非常相配，猶大甚至覺得沒必要再添一名妻子或納妾。

他的妻子生下三個兒子，分別取名為珥（厄爾）、俄南（敖難）和示拉（舍拉）。由於書亞的身體非常虛弱，在示拉出生之後，他們決定要預防再度懷孕。因此，他們只在猶大慾火難耐時才同寢，行房非常小心翼翼。

在珥長大之後，猶大替他物色一名妻子，是個來自希未（希威）、名叫塔瑪的女子。他在當時還猜不到他挑選了一名了不起的女子，但他對塔瑪看得夠多，瞭解她的性格：誠實、堅定、畢恭畢敬、情感豐沛、愛護動物，在她的大家族裡是個好女兒、好姊妹。

她人如其名（塔瑪意為「棗樹」），生得高挑健美，而且以她的身材看來，也很可能多產——將來會生下很多孩子。他跟她聊過她的生活，簡簡單單，對家族付出，兩人也談過她對神聖的理解。

就像她的族人，她當然也崇拜偶像。但是，她並非那種崇奉伊絲塔女神[2]的女孩，在她看來，那只不過是放蕩的藉口罷了。她懂得進退有據。當她提到天神巴力（巴耳）[3]的創造力量，以及巴力希望世人能彼此以禮相待、互相敬重，猶大感覺崇尚異教信仰的她並非不可挽救。

當猶大告訴她天下只有一位神，她聽得入迷，但是她對父母忠心耿耿，要她放棄原來的信仰是難以接受的。儘管如此，猶大心想，她很受教，即便是最糟的情況，她也還是會成為一名賢妻良母。

但是，珥死得突然。之後過沒多久，猶大對次子俄南說：「去盡你作為人家小叔的義務，如律法規定：與你哥哥的妻子同房，為你哥哥生子立後。」

俄南與塔瑪同寢三次，但他無法強迫自己替哥哥生子。顯然他們兄弟之間還有某些嚴重未解的問題。每次他進入塔瑪的身體，他就想到珥，心裡湧起滿腔怨恨，因而

2 譯注：美索不達米亞地區的人所信奉的女神，既是豐饒與愛之神，同時也是戰爭女神。

3 譯注：古代中東地區宗教所信奉的神。源自迦南人，是聖經中腓尼基人的首要神祇。

無法繼續下去。此事與塔瑪無關，他很喜歡她。但是，假如他要讓那個已經翹辮子的混帳稱心如意，那他會詛咒自己。

後來，俄南也猝死了。剩下最小的兒子示拉，只有十二歲。猶大對塔瑪說：「你回娘家守寡吧，等我的兒子示拉長大成人。」他認定塔瑪受到詛咒，假如他做正確之事——等到示拉年紀夠大，便按律法規定，教他使她懷孕——那麼示拉也會喪命。於是，他決定兩害相權取其輕：犯下對塔瑪沒盡義務之罪，而不是使男孩喪命之罪。

當然，恰當的做法應當是把他的恐懼告訴塔瑪。但是這麼做讓他太有罪惡感，他開不了口。

剪羊毛

再後來，猶大的妻子過世了。她已經病了一段時間，身體太弱而無法與他同寢，所以除了哀痛之外，他也感到性生活被剝奪。

服喪期結束之後，他決定和他的朋友希拉（希辣）一起到亭拿（提默納黑），到替他剪羊毛的人那裡。

剪羊毛是慶祝、感恩和狂歡的時節[4]。人們大吃大喝，飲酒作樂，最有錢的富豪在帳篷裡舉辦派對，他們會從以革倫（厄刻龍）或伯示麥（貝特舍默士）找來伊絲塔女神的女祭司，這些女子將自己的生命奉獻給兩性結合的神聖祕密，她們向那些尋芳的無名男人敞開自身，因此成為女神的化身，並且以自己的身體重演宇宙婚姻（cosmic marriage）。

4 編注：對中東游牧民族來說，「剪羊毛」有如農民收割農作物，會舉行盛大筵宴，人們一同歡樂。

撰寫《吉爾伽美什》的詩人辛拉・齊・烏尼尼（Sîn-lēqi- unninni）認為這些神聖的妓女是文明的至尊榮耀，他帶著無比的驕傲，如此描述她們：

佇立在伊絲塔女神的神廟前，
甜美的女祭司們閒聊歡笑，
臉龐因性事的愉悅泛起紅暈，
準備好來滿足男人，以此榮耀女神。[5]

路上也有個體戶妓女在節慶時做生意。大多數牧羊人對於神聖女神和粗俗妓女間的區別不挑剔。

5 出自《吉爾伽美什：新英譯》（*Gilgamesh: A New English Version*），Free Press出版社於二〇〇四年在紐約出版，頁81。

孤注一擲的計劃

猶大即將遠行一事，成為街坊的閒聊話題。最後，一個鄰居把這件事告訴塔瑪。

她二十歲，而示拉十四歲，年紀已經夠大，可以盡他作為兄弟的責任，但她的公公那裡卻依然無聲無息。

她已經很久沒有聽到他的消息了。她曉得他心裡在想什麼：他兩個兒子的猝死都要怪在她頭上。她沒有任何辦法證明罪不在她。假使他怪罪於她，她也只能倒在他的腳邊，懇求他去完成他的義務，而這似乎越來越不可能成真。

她知道這不是她想要孩子的蠻橫需求，這是她合法的權利。既然猶大拒絕合作，她就得親自來處理這件事。

有一天，她在洗衣服的時候，內心萌生一個計劃。這個計劃很危險，她因為害怕而瑟瑟發抖。她的恐懼可能來自對她公公權威的反抗，也因為此舉可能會惹怒他和所有地方上的人，所以她百般不願付諸實行。但她又能怎麼辦？不管她有多麼害怕，她

寧可一死，也不要保持靜默無語、沒有子嗣。

她脫下寡婦的衣裳，穿上她最好的袍子，走到伊拿印（厄納殷），以面紗遮臉，在前往亭拿的入口大門邊坐了下來。

抵押品

當猶大看到她，以為她是神廟娼妓，因為她用面紗遮住臉，坐在大門入口處。天意巧合，迦南妓女也習慣遮住面孔，這為她們增添一種難以言喻的神祕魅力，讓姿色平平的女孩也能順利取得交易。男人願意放棄親吻的歡愉，反正他們更有興趣的是其他部位。

為了更瞭解這個情況，你應當知道，在父權時代，近東地區的所有文化全都接受廟妓制度（這個狀態持續了千年，直到先知們紛紛對這種制度強烈抨擊，像是何西阿〔歐瑟亞〕和以西結〔厄則克耳〕）。所以，根據猶大那個時代的道德標準，他什麼都沒做錯。男人嫖妓完全合乎教規，儘管猶太女性禁止成為妓女。

猶大走到塔瑪面前，說道：「你要多少錢？」

塔瑪說：「你要拿什麼付我？」

「我從羊群中拿一隻小山羊送給你。」他說。這是當時的行情。猶大作為一個公平

的人，不想要為了討價還價而惹惱她。

塔瑪鬆了一口氣。她的整個計劃全繫於能夠證明猶大與她交易的物件上。假如他堅持要立刻付錢給她（比方用銀子），這筆交易完成之後，她就沒有證據可以證明他是她孩子的父親。

「好吧，」她說：「但在你送山羊來以前，你要留些東西作抵押。」

猶大說：「你要什麼作抵押呢？」

「你的印章、印章帶，和你手裡的杖。」木杖上面的雕刻可以顯示一個人的身分，圓柱狀的印章上面有穿孔，從洞裡穿進一條帶子，掛在脖子上，可以用來簽署合約。從前的時候，一個體面可敬的男人出席公共場合，身上絕對會帶著這幾件東西。

因此他把這幾件東西交給她，兩人就在草叢後同寢。

在草叢之後

猶大是個寬大的愛人。他花時間慢慢來。他喜歡令對方覺得歡愉，也同樣享受他所得到的滿足，他確保塔瑪在過程之中也感到滿意。在這個情況下，她認為自己算是幸運，尤其是這很可能是她這輩子最後一次與人同寢。

但歡愉不是重點。她愛她的公公，想到珥的笨拙和俄南充滿苦澀的猛烈方式，猶大的溫柔撫摸是她出乎意料的發現。不過，即使猶大是個自私的愛人也不要緊。她在這裡只為了一個目的：收集他的種。

面紗夠厚，能好好藏住她的樣貌特徵，不過還是能讓她看透面紗外的情景。她仔細看他的臉，他也低頭看著她，面帶微笑。她不可能知道他目前的感受如何，但從他的目光看來，他似乎心懷感激——令她感到驚奇的是，那感覺幾乎就像是愛。

在兩人高潮過後，他將她擁入懷裡，撫摸她的頭髮，她注意到他眼角的淚光。然後他站起來，伸出右手來幫她從地上站起來，對她點點頭以示感謝，他的聲音充滿豐

沛的情感。

她回到家裡，摘下面紗、褪去袍子，再次穿上寡婦的衣裳。她已經完成困難的部分，剩下的操在巴力神的手裡。她現在要做的就是等待。

消失的娼妓

猶大託他的朋友希拉用繩子牽了一頭小羊，去向那天的女人換回抵押的東西。希拉走遍附近各處，到處詢問：「路旁的那個神廟娼妓跑哪裡去了？」

「什麼神廟娼妓？」每個人都說：「這地方從來沒有神廟娼妓。」

最後他放棄了，回去找猶大。

「我到處都找遍了，」他說：「我問了每個人。但我找不到她。」

猶大說：「這樣的話，那些東西任她拿去吧。假如我繼續找她，會害我自己變成眾人的笑柄。我的良心清白，說話算話。我已經把這小山羊送了去，但你找不到她，我也莫可奈何。」

前三個月

在通往伊拿印的大門旁的草叢後面，塔瑪知道自己已經懷孕。這不是她一廂情願，她感覺自己體內有所變化。她很篤定。

所以在接下來的數週、數個月，她毫不意外她的胸部變得敏感、微不足道的小事也讓她因為壞脾氣而流淚、有時困惑、有時開心、疲憊、很想吃奇怪搭配的食物、味覺靈敏幾乎超過人類的範疇。她告訴自己：「對，的確是發生了，跟我之前知道的一樣。我的身體隨著這個孩子而變化，為了孩子而變化。」

這是一段安安靜靜的平和日子，她可以照常進行日常工作，沒有人知道發生了什麼事。但人們很快就會知道了。

希未人跟迦南人一樣，榮耀性事並同意神聖賣淫的行為，也同意世俗的賣淫，只要做這些事的女人未婚就可以。但是，他們嚴厲懲罰不忠貞的妻子和寡婦，施以火刑作為懲戒。

塔瑪認為自己的家人不會出賣她（即便他們的虔誠會一直催促他們將她供出），但最後總會有人注意到。她不能一天到晚都待在屋子裡，遲早有人會在市場或井邊看見她，向她夫家的大家長猶大通風報信。她很確定這一點，就跟太陽從東邊升起是一樣的肯定。

所以，她會被帶到猶大面前，他會被迫將她處死。不可能會有別的結果。但她不感到畏懼，她將自己的性命賭在猶大的廉潔作風上，她知道，當她把印和杖拿給他看，他會有什麼反應。他不可能否認這些是他的東西。對他來說，撇清責任，就像某天早上太陽決定從西邊升起一樣，是不可能的事。

她不認為自己特別勇敢。她在計劃這個行動時，只是想要根據人的法律和巴力神的法律，主張哪些是她合理的權利。而且沒有風險，她知道猶大這個人，他們已經談過很多次關於對與錯的事——或者該說是他在說，而她抱著尊敬崇仰的態度聆聽。她認為他心胸高貴，而她永遠不會想要放棄自己家族的信仰，但當他說起他唯一的神，那位充滿喜樂、獨自隱身在不同面貌之後、創造天與地、在人類心裡創造道德律法的神，她感到激動歡喜。

她的公公不可能做出任何不適宜之事，她一想到此，嘴角上揚而露出微笑。

結局

大約三個月後，塔瑪的一個鄰居對猶大說：「你的媳婦塔瑪當了妓女，而且因為行淫有了身孕。」這個鄰居是出了名的好管閒事，猶大起先不肯相信她說的話，但是很快地，小報告一個接著一個。

所以他將塔瑪帶到當地長老的面前，這些小報告的內容明顯屬實。「要我開這個口，我覺得很難過，」他向長老們說：「但根據律法，必須將她燒死。」

這個結論看似非常殘忍，但假如塔瑪懷孕，她必定有罪，將她處死不只是猶大的權力，也是他的責任。他從來沒想過要檢視證據以外的東西，因為鐵證如山，似乎沒什麼好爭的。他本對她有更高的期許，他對自己錯看她的人格而羞愧不已。

他們站在市集的廣場上，圍觀人群有她的家族親戚和鎮上的群眾。有些人嚇得陷入沉默，但許多人（尤其是女人）講話很直接。「蕩婦！」她們大叫。「妓女！」她們對猶大說：「燒死她！」

塔瑪平靜站著，彷彿死刑與她無關。在猶大宣讀死刑判決之後，他問她有沒有話想說。

「大人，」她回答：「使我懷孕的男人擁有這個印與這支杖。請您看看，是否認得這些是誰的東西。」

她這番話所蘊含的勇氣和巧妙，一直迴盪在猶太歷史中。十一世紀的評論家拉西（Rashi）[6]寫道：「她不直接說：『讓我懷孕的男人就是你。』她不想羞辱他。她心想：『假如他承認，很好。假如他不承認，就讓他們把我活活燒死，但我不會羞辱他。』我們的聖人從這個例子做出結論：『比起在大庭廣眾之下羞辱你的鄰居，被扔進熊熊燃燒的火爐裡還好得多。』」

至於猶大，假使他打算要隱瞞這件事，情況會變得更難堪可恥。但在召妓這件事上，他沒有做出任何背德之事。

他認得印跟杖都是他自己的東西，然後他記起在伊拿印的相遇。啊。所以那就是塔瑪。他為自己的不當行為而臉紅。但身為正直之人，他低下頭坦承，說道：「這個

6 拉西是許洛蒙．伊茲哈及拉比（Rabbi Shlomo Yitzhaki）的縮寫名，為聖經注釋學者及塔木德的評論家。

女人是對的，我是錯的，因為我沒有將她給我最小的兒子。」

假使猶大把責任撇清，事情對他就簡單多了。他大可以說：「對，我是跟你同寢過，一次。但你還跟了多少男人同寢？我怎麼知道這是我的孩子？」但他沒有任由自己的心在自己身上玩這種把戲。他立刻瞭解塔瑪是英雄，而由於他坦承不諱，他也成了英雄。

他給他的兒媳造成了阻礙，但塔瑪在面對這個阻礙時所懷抱的決心，讓他深感欽佩。他很清楚自己應該在各方面盡可能彌補她、接納她，把她當作寶貝女兒對待，並且要榮耀她，因為她充滿勇氣和力量的個性遠勝過於他。[7]不用說，他絕不再與她同寢。

在她懷孕期間，他搬回去希伯崙。不論是雅各或家族裡的其他人，都沒人發現他已經離開二十二年了，因為在他們的世界裡才剛過了六天——他們的一天是猶大的三又三分之二年。他們非常客氣，沒有要他解釋他怎麼會老這麼多，也沒多問示拉與塔瑪的事。對於自己是顛倒過來的李伯大夢[8]，返家後的猶大一開始也感到困惑，但很快就不去想這件事了。

塔瑪產下一對雙胞胎，她將他們命名為法勒斯（培勒茲）和謝拉（則辣黑），猶大宣布他們一個是他的長子、一個是她過世丈夫珥的合法孩子，並且由他來撫養。過了九代之後，在法勒斯這一世系，耶西（葉瑟）生下大衛（達味），他後來成為以色列國王。又過了二十七代之後（根據〈馬太福音〉〔瑪竇福音〕的說法），或是四十二代之後（根據〈路加福音〉），拿撒勒（納匝肋）人約瑟（若瑟）生下耶穌。

猶太傳統對於這一世系的明顯醜聞，表現出極大的寬容。畢竟，塔瑪不但是外邦人，使她懷孕的必要因素還是賣淫和亂倫（算是）。塔瑪在基督傳統裡接受了榮耀，方式卻非常隱晦。

福音傳播者馬太（瑪竇）如此追蹤耶穌基督的家譜：「亞伯拉罕生以撒；以撒生雅各；雅各生猶大和他的弟兄；猶大從塔瑪氏生法勒斯和謝拉……撒門（撒耳孟）從喇合氏（辣哈布）生波阿斯（波阿次）；波阿斯從路得氏（盧德）生俄備得（敖貝得）……大衛從烏利亞（烏黎雅）的妻子生所羅門（撒羅滿）……」

7 根據提比哩亞（提庇黎雅）的雅納之子，埃里艾澤拉比（Rabbi Eleazar ben Yannai of Tiberias）所說，塔瑪是所有國度的正直表率，如聖經所述：「義人要發旺如棕樹，生長如利巴嫩的香柏樹。」（詩篇92章12節）

8 編注：《李伯大夢》（*Rip van Winkle*）是美國小說家華盛頓．歐文（Washington Irving）的短篇小說，描述樵夫李伯在山上睡著，醒來後發現人事全非，他這短短的一覺，世間竟已過了二十年。

他這一串名單的獨特之處，在於其中提及四名了不起的女性，每一位在性方面都有不合道德之處：喇合是妓女，也是一間妓院的主人；路得獲得第二任丈夫，是出於她那一夜於禮不合的主動出擊；拔示巴（巴特舍巴）和大衛的關係則是從通姦開始。為何馬太要在這份家譜裡插進這些人（路加所撰寫的家譜完全不同，而且裡頭沒有提到任何一個女人）？最有可能的解釋，是他想要用這些暗示性的類比，來為未婚懷孕的馬利亞（瑪利亞）作鋪墊。

現在，讓我們將目光轉回到約瑟——這位雅各之子、亞伯拉罕的曾孫——身上，重新加入他與以實瑪利人商隊前往埃及的旅程吧！

第三部

在波提乏的府邸

In Potiphar's Palace

西奈札記

荷馬說，一個人在成為奴隸的那一天，就失去了半個靈魂。[1]但約瑟的靈魂保持了完整。他所失去的一切——家和家人、個人的尊嚴、驕傲——其實是收穫。過去的他已死，現在重獲新生，成為一個更有自知之明、更懂得審視自己的所知所想、熱愛真理的人。

他現在以好奇的眼光看待世界。他發現，對他來說，成為奴隸不見得是壞事一樁。他成為最底層的低下之人，如同水這個元素，處於眾人所嫌惡的低處卻依然自得。[2]生活因此變得非常簡單。他的工作就是遵照指示，只要是發號施令的人吩咐他去做的事，他就照做。他不用做決定，很快也不再閒閒無事。目前的狀況沒有半點羞辱感，而是恰恰相反，對於現在每一刻都能清楚知道自己的職責所在，他很感激。

旅程的第一天很不舒服，但他被鬆綁之後，以實瑪利人待他不錯。他們讓他吃得很好，甚至有人欣賞他，尤其是一個名叫提瑪（特瑪）的年輕人。提瑪跟商隊領頭基達（刻達爾）談過，約瑟獲准可以自己一個人騎一頭駱駝。

⁂

他們進入西奈（西乃），人稱「綠松石之地」（the Land of Turquoise）。四周空無一片，只有紅色花崗岩和蔚藍的天空。第一天，蒼蠅派出接待大軍的陣仗；牠們盤旋在約瑟的腿、手臂和臉上，怎麼趕也趕不走。

「這是沙漠風味，」提瑪說：「你會習慣的。」

⁂

一群隼在頭頂上盤旋。在商隊行經的路徑兩旁有巨大的花崗岩石，看起來像是亨利・摩爾（Henry Moore）所創造的雕像。有些巨石有名字：「翻覆的小船」、「群獅之屋」、「雙岩談」。

提瑪笑著說：「它們在聊天，因為彼此都很喜歡對方。」

1 出自《奧德賽》17章322－323節：「在一個人成為奴隸的那一天，萬能的天神宙斯拿走他身上一半的好。」

2 編注：典出老子《道德經》第八章：「上善若水。水善利萬物而不爭，處眾人之所惡，故幾於道。」

提瑪告訴他，在這種高溫下，保持身體不脫水很重要。所以他們每幾個鐘頭就會停下來喝水，在陰涼處休息。

⁂

一日，他們在一處泉水旁找到一間石屋。提瑪說獵人會坐在這裡等羱羊出現，牠們一天至少得喝一次水，不像瞪羚可以連著好幾天都不用喝水。

峽谷遍地長滿了野薄荷，這種青草開有小朵紫花，芬芳撲鼻。他們將野薄荷收集起來泡茶喝。

⁂

鷓鴣到處可見，從這個溪谷到另一個溪谷，牠們飛鳴而過。提瑪伸手指著偶爾可見的捕捉鷓鴣陷阱：以三根木棍支撐一塊石頭。

⁂

當溪谷變得越來越窄，風景也隨之出現變化：柳樹、蘆葦。商隊停下來休息一個鐘頭，約瑟加上提瑪，以及其他幾個年輕人和男孩，往下爬到有柳樹遮蔽、位在懸崖旁的兩個水池，一個位置比較高，另一個比較低。

在這處沙漠，水的存在宛如奇蹟，令他感動得說不出話來。他整個人潛入比較高的池子裡。冷死了！當他從水裡爬出來，坐在石頭上等身體乾，他可以看見泥巴在他皮膚上結塊有多深。

⁂

他每天都想到他父親。他曉得他一定痛不欲生，卻對此無可奈何。

想起雅各是一個奇妙的過程。當約瑟坐在駱駝上或是晚上躺在毯子底下，雅各的身影會隨時出現在他的心裡。他看見老人哭泣或是悲痛地撕碎自己的衣服。面對這種景象，哀傷、同情之感會立刻出現，胃裡有著莫可奈何的沉重感。

然而，只要他一意識到這種反應——通常只過了幾分鐘以後，雖然他經常在自己

的哀傷裡悵然若失——他會想起神的意旨總是會成就，他與父親都在神聖智慧的看顧之下。然後，過了一會兒，雅各的身影不再使他心痛。

※

一晚，他們坐在營火旁，聊起了女人。提馬對約瑟說：「大家都知道女人比男人聰明。母羝羊率領羊群，有危險的時候警告大家。假如有年輕人太放蕩不羈，通常結了婚之後就會安定下來，他老婆會說：『你必須供養我們。』她告訴他正道該怎麼行，年輕人就不會再做傻事。」

「但是另一方面，」基達苦笑說：「所有禍事也是因女人而起。生命因為女人的出現而艱難，沒有女人也艱難。看看這些石頭：安安靜靜、動也不動。假如沒有女人，我們就會像這些石頭一樣。現實也是如此，我們從一個地方走到另一個地方，都是為了養活我們的妻子。」

約瑟饒富興味看著他。基達年約四、五十歲，他的臉被太陽曬黑，前額和雙眼四周都有深深的皺紋。

「抱著這種態度，」約瑟問：「你要怎麼信任你的妻子？」

「啊，」基達說：「永遠別信任女人。甚至永遠都不要信任你自己的妻子。」

約瑟感到不解：「你不愛你的妻子們？」

「我當然愛她們。」

「但你怎麼能愛一個人而又不信任她？」

基達說：「我愛我的三歲兒子，但我不會信任把一匹駱駝交給他。」

話題轉移到孩子上。基達說：「你得把你的孩子放在身邊牢牢看緊。孩子是你自己的骨肉。假如你把一塊肉擺在某個地方沒有看好，會發生什麼事？」

提瑪像個好學生回答道：「會腐爛。」

基達點點頭。「小孩也是一樣。」

坐在營火邊的年輕人和男孩全都聚精會神地聆聽。這是他們從長者身上學習智慧和愚蠢的方式。

※

約瑟把他的毯子鋪在一棵孤零零的石榴樹下，躺下來看著月亮投射在懸崖上的影子。一隻蝙蝠俯衝而下，大吃特吃被油燈吸引過來的飛蟲。一個鐘頭之後，月亮往上

升。然後是第一支蚊子小喇叭樂隊。

他拍打停在右邊臉頰上的一隻蚊子。如此美景被打斷，真是討厭極了！但片刻之後，他開始思索自己的反應。

在創世的第六天，在那個雅各從他有記憶以來就喜歡跟他說的故事中，神看著世界說：「看哪，一切所造的都甚好。」神在第六天的意識，難道不是延續到現在、延續到時間盡頭？即便在此刻，難道神不會看著祂所創造的一切，覺得一切都甚好？若是連蒼蠅、螞蟻和蚊子都有各自的目標要去完成，那約瑟的惱怒是否讓他錯失了一個為此感恩的機會？

他想著那隻蚊子，祝福牠那顆小小的黑色心臟——當你以人類之外的角度去看，難道牠不是也有牠的獨特之美？牠的嗡嗡聲難道不是創造的和諧旋律裡的基本音？也許在整個宇宙裡，沒什麼是不必要、錯誤或邪惡的。這真的是真理嗎？

⁂

另一天晚上，野驢們（有五匹大的和兩匹小的）從上面的山坡處看著他們。提瑪告訴約瑟，他不只一次把食物搞丟，全給了野驢。所以他把麵包、棗子、冬天的梨、肉乾和其他主食，全都放在離他毯子很近的地方。

「帶頭的那隻計劃好要等我們去睡覺，」他說：「牠認為我們會不做安全措施，就把食物擺在那裡。諸神告訴我們要對動物友好，但夠了就是夠了。」然後他收集石頭，排在他旁邊擺成一堆。三不五時有驢子靠得太近，他就會朝牠們扔石頭。

整晚，驢子的腳蹄聲噠噠響著，在約瑟的夢境裡進進出出。

抵達埃及

一艘艘紅色的船隻在青綠色天空下航行。岸上，在一座四周高牆林立的花園裡，幾隻貓在太陽底下打盹，只能吃蜥蜴讓牠們都瘦巴巴的，在迷迭香花叢吸吮花蜜的工蜂忙碌飛舞，像奴隸一樣。

這是泥濘的國度，在這裡，死人的腳是朝上擺著的。事情會如何演變，他無法猜測。他只能看、聽，任由自己的心在漆黑之中找尋平衡。

賣出

下午稍早，是買賣議價的休息時間。基達的一個兒子在一杯杯磨亮的石灰岩杯裡，倒進了來自亞實基倫（阿市刻隆）、添加了蜂蜜的酒，用來招待奴隸販子頭領和他的助手。他們一邊啜飲，基達說了一口流利但帶點喉音的埃及語，與他閒話家常。兩個男人彼此做了多年生意，互相尊重，彼此都知道對方的善用招數。

約瑟的價錢在檢查他的第一分鐘內就大致底定。奴隸販子做做樣子，發發牢騷，抱怨約瑟的身高，但他英俊的外表和健美的體格十分少見，這點無可置喙，約瑟也在他們簡短的交談裡展現他的智慧和機智（提瑪充當翻譯）。

基達以三百枚銀幣開始出價，緩慢而充滿樂趣地、伴隨著諸多明顯疑慮和道德尊嚴，讓這個價錢一點一點下降。經過熱切議價了四個鐘頭後，現在的價錢是兩百七十枚銀幣。絕不會允許價錢降到兩百五十枚銀幣以下，兩個男人都知道這一點。

其他四個奴隸已經賣出——三個骨瘦如柴的阿摩黎（阿瑪肋克）男孩和一個女

孩——全部賣得十一枚銀幣。整個過程不到半個鐘頭。

約瑟在旁觀看，並且傾聽。他喜歡埃及語的發音，細微變化的子音、類似英文字母R的小舌顫音，聽起來有如鳥鳴；從容長句的流暢，與他母語希伯來語的直白生硬非常不同。他無法判斷到底發生什麼事，除了基達和他的對手彼此都很盡興。他們偶爾會轉向他，指指點點，彷彿在爭論一條美腿或是一道優雅的眉毛到底值多少錢。

他並不憂慮自己未來的處境，不管未來處境是什麼。因為他現在已經學會不要去想到他自己的未來。他很清楚他可能會被賣給一個冷酷無情、甚至更殘忍的主人，可能會打他，或是逼他工作到死。但他不能任由這種景象與各種可能性相互連結起來，自己嚇死自己。他現在知道的是，他最糟的經歷已經結束了。他很期待看到接下來會有什麼樣的經歷等著他。

又過了三個鐘頭，他們達成交易。兩邊都很滿意。基達確定銀幣加到兩百六十枚，小心翼翼將錢放進更大的皮包裡。然後他與商隊一起騎著駱駝離開，繼續販賣其餘的貨物。

奴隸販子把他採買的成果帶到他的主人面前，他的主人是一位名叫波提乏（普提法爾）的宦官，是埃及法老的護衛長。

波提乏

波提乏是一位身材高大、個性沉穩溫和的男人，在十歲時行去勢之事。他被當作宮廷朝臣來養大，一名宮廷朝臣該有的特質他都具備：機智交談、優雅的舞蹈、擅於玩牌戲、打獵、飲酒、做官，而且是個狡猾精明的政客，知道何時該奉承去討人喜歡、何時該表現冷淡去刺激對方。

他不會有不檢點的房事行為，因此比較不容易捲入宮廷陰謀，他被視為特別值得信任的人。打從孩提時代他就認識法老（他們兩人是遠房親戚），因為他忠心耿耿的服侍，而獲贈城裡的一座府邸、一處鄉間莊園，以及一名出身古老貴族家族的女子為妻。這名女子受過上好的教育，因為丈夫在宮廷圈子裡平步青雲，她的野心因而得到滿足。

她安於自己被迫守貞，不去想她從未有過的經驗。他的丈夫外貌俊美，享盡法老的寵愛，是每個重要人士豔羨嫉妒的話題人物——這樣就夠了。她心想。

約瑟得到拔擢

波提乏很快就發覺約瑟才華出眾。這個被派去執行餐桌工作的年輕人俊美優雅，令人忍不住多看他一眼。

正式的晚宴沒有近距離觀察的機會，所以波提乏把這名奴隸叫到他的書房，此處空間寬闊、天花板挑高，以雪花石膏、斑岩和大理石雕塑而成的神像排列其中。

當他面試約瑟，對方口才便給，充分理解，令他目眩神迷。他花了不只一個鐘頭在約瑟身上，看到他要離開，他忍不住感到惋惜不捨（到了此時，約瑟的埃及語能力在一般交談上已經綽綽有餘，不過，如同巴洛克旋律裡具裝飾作用的顫音，裝飾埃及語的傳統虔誠語彙偶爾讓他講得結結巴巴）。

說波提乏是欣賞、喜歡他，實在太過輕描淡寫。波提乏內心被深深觸動了。這位年輕人的出現令他重振起精神。他想要常常看到他，盼望更常看到他。很快他就指派他為私人隨從，並賜與他一個埃及名字：梅里阿蒙（Meri-Amun）——阿蒙神的寵兒（Beloved of Amun）、隱藏者（the Hidden One）——阿蒙神的地位在此時已經等同於太陽神拉（Ra）。

約瑟被拔擢為大總管一事來得又快又自然；對於這個外邦來的野蠻人一路迅速晉升，其他奴僕並未抱怨，因為大家都很敬重他。主人的關愛似乎並不過分，主人的信任也沒放錯地方。

在約瑟的指示下，全體員工的壓力降到最小，每日工作事務不需要耗費太多心思力氣就能做好。日常雜務成為他們的樂趣，整座府邸瀰漫著心滿意足的氣氛，彷彿偉大的貓女神巴絲特（Bast）蜷臥在屋頂上，發出饜足的呼嚕聲。

點石成金

約瑟顯然有點石成金的能力。這一點從首席管家到地位最低的洗碗女僕，人人都看得出來。

他之所以工作順遂、步步高升，原因不只是他超凡的聰明才智，也不只是他掌握細節的能力，更不只是他的和藹可親——每一個曾與他共事、後來在他底下工作的奴僕，都很高興見到他。還有某種原因，人們稱之為預知：他們認為，一定有某位天神在凌晨時分附在他耳邊低語。

事情當然不是這樣子。約瑟看不見未來，但是，以他鉅細靡遺的專注力，他能夠洞察眼前情勢的縫隙，成功和失敗正是由此而生。就像在密密麻麻的人群中移動，不是先考慮要去哪裡或是要怎麼去，而是找到人與人之間的空隙，讓自己的身體毫不費力地從他們當中穿過，彷彿這條路徑只是呼出長長一口氣那樣容易，直到自己順利抵達房間的另一頭。

他信任這種不帶思考、近乎直觀的移動。驕傲自負是他前半生的預設模式，現在與從前恰好相反。他注定要成就的大事不是他自己的事。他的事是要看見開口所在的地方，滑行穿越這些開口。

最大的誡命

人們在約瑟身上所感覺到的智慧，其實是一種愛的形式。約瑟透過死亡和重生，找到了當時尚未被傳授的至高誡命：「你要盡心、盡性、盡力愛耶和華——你的神。」[3]

其實這是一段描述，而不是一條戒律，因為對神的愛不是我們可以靠意志力努力就能召喚而生。當我們心靈層次加深、變得成熟，自然而然便能到達。我們靠得愈近，就愈能清楚瞭解到，在我們這輩子有限的人生裡，最貴重的便是那些難以言說、難以想像之物。既是一切，也什麼都不是，因為那超越了我們思想的範疇。它包含了它自身的相反性質：兩者皆是，兩者皆不是。

用我們的哲學導師斯賓諾沙（Spinoza）的話來說，正是這種發現和獲得，能使我們體驗到綿延不絕、至高無上、永不休止的喜樂，不論我們遭遇到什麼事。[4]

喀巴拉主義信徒（Kabbalist）稱神為 eyn sōf，意為「無限」、「無窮盡」。就現狀來說，這也是確切的。但是有限、有窮盡呢？難道神就不在那裡了（也就是這裡）？難道神不也是那樣（也就是這樣）？「祂的榮光充滿全地！」撒拉弗（色辣芬）對以賽亞（依撒依亞）如此呼喊道。[5]我們要為了明白最重要的事物而超越此時此地嗎？那是值得我們嚮往的嗎？甚至，那是有可能的嗎？

「什麼處來？」一位中國古代禪師詢問一位前來求教的僧侶。「從神光來。」僧侶說。禪師說：「晝喚作日光，夜喚作火光。作麼生是神光。」困惑的僧侶靜默不語。禪師替他回答：「日光。火光。」[6]

這一點都不神祕。智慧是愛的形式，因為這是存在的形式——也就是覺察的形式。被質疑過的心智，以看待世界的相同眼光來看待自己：帶著讚嘆和深深的感激。它以跟古老經文一樣清楚純粹的理性語言，表達自身的驚奇。聽聽看我們的老師愛因斯坦怎麼說：「對自然法則的和諧感到驚嘆，這是科學家所表現出的宗教感受，大自

3 申命記6章5節，這是聖經首次出現這段經文。

4 斯賓諾莎在他的著作《知性改進論》開頭，寫下著名的第一行：「經驗教導我生命裡一切日常事件皆是虛無、無用，沒有一樣我所恐懼的東西囊括了本身即善或惡的事物，除了我的心靈迄今所受到的影響。於是我最後決定要探究，是否真有某種美善之物，具備了自我溝通以及摒除一切影響心靈的能力——簡言之，是否有任何我所發現並得到的事物，能使我體驗到綿延不絕、至高無上、永不休止的喜樂？」

5 以賽亞書（依撒依亞）6章3節。

6 文中這位「中國古代禪師」指的是雪峰義存禪師，生於西元八二二年，卒於九〇八年。

然所顯露的超凡智慧，相較之下，人類的最高智慧根本是微不足道。」[7]

從讚嘆到羞辱，從羞辱到智慧，從智慧到喜樂，這當中僅幾步之遙。〈箴言〉中所說的可不是在開玩笑：「得智慧，得聰明的，這人便為有福。」[8]事情就是這樣。約瑟懂得這個道理。

---

7 出自愛因斯坦，收錄在《愛因斯坦說：語錄暨思想集》（*Einstein sagt: Zitate, Einfälle, Gedanken*），Alice Calaprice編著，Piper出版社於一九八五年在慕尼黑出版，頁178。

8 箴言3章13節。

哀憐

但是，有的時候，即便約瑟有這些好運，他仍舊感覺自己因為哀憐父親而疲累不堪。他會因為看見一名老人為了兒子失蹤而哭泣的景象，內心糾結不已，並且萌生一股幼稚的渴望，想去安慰那個畫面。

「父親，別擔心。」他想說這句話：「我還活著。我很好。」

然後，他會從恍惚中甦醒過來，發現自己落入一個心理陷阱。所有他內心的哀憐——這股情感能帶來什麼好處？對雅各沒有半點幫助，只讓約瑟感到難過，還因為無助而痛苦萬分。因此，他把父親的痛與他自己的痛相結合，為了雅各的痛苦而飽受折磨（真的，他受折磨的程度超越了他對雅各所受痛苦的「想像」）——而這是為了什麼？實在很荒謬。

對此情況的恰當回應不可能是哀憐，因為這切斷了他自己的生命能量。不管他有多麼想幫助父親，顯而易見的是，他長時間以來都幫不了他。雅各得自己想辦法來幫自己，就跟我們所有人到最後只能這麼做一樣。但約瑟得停止像這樣去思念他。好幾個星期以來，他不斷努力要找出平衡點。

最後他決定，將一部分的晨禱時間用來注視那個在他想像裡受苦的父親，不再去想他應該要快樂，或是他無論如何都應該要改變。一開始這麼做的時候，困難得不得了，約瑟覺得心痛得要命。然後，過了幾個月，逐漸變得簡單起來。最後，他總算能注視著雅各哀傷的臉，不感到一絲哀憐或憂傷，而是保持一種能使他心靈平靜的憐憫之情。

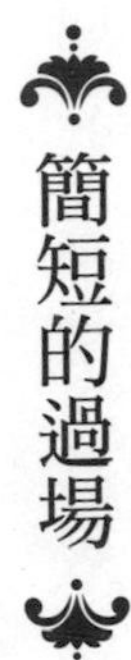

簡短的過場

過了十一年。約瑟的好運延伸到波提乏整個家和他所擁有的一切：府邸、鄉間宅第、田野土地、羊群和牛群、船隻、純種馬、釀酒、銅礦、自有銀行以及自有工廠——這間工廠建築舒適、裝潢得美輪美奐，裡頭的女奴將亞麻做成線，並織成亞麻衣物。

最後，波提乏將他所有的事務全交到約瑟手中，他對這個年輕人的卓越能力信心十足。

最好不要

這週最後一波收成的穀物放入倉庫內鎖上，最後的統計也製作成表，工人得到鼓勵和感謝的週薪。波提乏出門去玩牌（等他回到家裡，已經是午夜以後，他喝得酩酊大醉，口袋裡的金子噹啷作響，約瑟會替他更衣，扶他上床睡覺，替他蓋被）。一切進展順利，至少目前為止。這個家被打理得井井有條，財富收入可說是利滾利地湧來。

約瑟坐在他那張可調整的椅子上往後一躺，抬起腳，靠上那張以桃花心木製成的桌子，那是他主人去年送他的生日禮物。故事真的就要在這裡（在忠心、舒適、管家工作的場景中）結束嗎？

波提乏是個大好人，真的，一個溫和善良的好人，他喜歡波提乏，也只願波提乏得到最好的祝福。但是他知道神的行事方式。他最好不要太安於享受。他最好不要在往後躺的時候，躺得太過舒適。

波提乏之妻

我們不知道她的名字。[9]這名字已經從歷史（假如它曾經存在於史的話）和傳說故事中消失，直到此刻，因為威廉・布雷克（William Blake）所說的「不滿足慾望的熾熱」，她的舉動超越了她的名字。

她仍然是個年輕的女人，只不過比約瑟大了三歲。她對美麗事物懷有熱情，這一點處處展現在她的生活裡。她的錦衣華服和珠寶都十分高貴典雅，她的藝術收藏是出了名的精美絕倫。她怎麼能不欣賞這名有著一雙深棕色的明亮眼眸、五官精緻、身材健美的年輕希伯來奴僕呢？

最近幾個月來，她對他的興趣已經從好奇到著迷，最後終於變成耗費心神的執念。如今，每當他偶爾以管家身分在晚宴上指示男僕們進行服務，她幾乎無法移開自

9 〈創世紀〉中沒有提到她的名字。過了兩千多年之後，幾位阿拉伯和波斯的詩人給了她「茱蕾卡」（Zuleika）這個名字。

己的視線——只有在她發覺自己的凝視很粗魯，經過一番自我妥協之後，她才會逼自己低頭看著盤子，或是轉頭望向其他晚宴的賓客。

她成天整夜想著他。她想要抗拒他的身影，他的影像卻總是不請自來，在她心裡頻頻浮現。

她試圖說服自己斷除迷戀。畢竟，這個年輕人是卑下的奴僕，出身於某個不知名、不潔的種族。對，他是很聰明，也得到她的丈夫高度賞識尊敬，但他絕對是個品味低俗、感知粗糙的傢伙，不論他外在舉止多麼謙遜——品味優雅的事物可是她的生命泉源，要她和一個可能從來無法欣賞的人親密共處，只要他一張開他那迷人的嘴唇，絕對會令她心生厭惡。

但她的論點缺乏說服力。很快地，她的心便拋開了那些論點，轉而浮現生動具體的情慾畫面。她起先感到很害怕，試圖把這些畫面排除在腦海之外，但它們還是在她心中不斷出現，並且愈演愈烈。

最後，她的抗拒斷了線。她完全屈服在這些畫面之下，就像減肥的人一直讓自己餓肚子，卻突然間崩潰，在食物儲藏室裡用食物塞滿自己的嘴。她甚至開始主動想像，有意識地將這些畫面編織為種種遐思，使她因為慾望和屈辱而顫抖。

她愈放縱沉迷於自己的執念，她的痛苦便愈益加深。這種感覺的終點在哪兒？假如她真做了自己熱切想做之事，她怎麼能忍受那樣的屈辱？但假如她什麼事都不做，她怎麼能在那樣的痛苦中備受煎熬？

引誘

受到誘惑？他當然受到了誘惑——細薄的亞麻布透出大腿的曲線，她的舌頭緩緩舔上豐潤的嘴唇，一雙睫毛纖長的美目與他的視線相接，目光纏綿，直到他別開視線；或是在下午時分，在陰暗的走廊上，附近沒有人，有個聲音微微低語著：「與我同寢，噢，拜託你與我同寢。」

但是，他從來沒有屈服，即便是在他等待入睡之際，她嬌媚柔軟的身影從他心底掠過，停在慾望的門檻上，張開嘴唇，濕潤而帶著渴望。

這不是關於是非對錯之事，而是他個人心靈完整之事，是他所熱愛的真理之事。他也無法扮演英雄角色，無法做出堅決守貞、是「神的好孩子」的光輝形象，無法任由自己想像她的苦悶與哀愁，即便他每天都想這麼做。

然而，在明確的回答強行加諸於他之前，他的責任是要在接受與拒絕之間越來越窄的路上繼續前行。在繩索上踩錯一步，就是（顯而易見的）災禍。

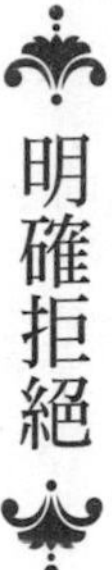

明確拒絕

終於，一天下午，她抓住他，試著將他拉近自己，他別無選擇。「拜託，夫人，」他說：「我的主人將他所有的一切託付於我，除了您之外，他對我毫無保留。您非常美麗，對於您的關愛，我深感榮幸。但我必須拒絕。」

日復一日，她跟他說話，但他不可能會回應。他對他主人一片忠誠，不可動搖；他寧可切斷一條手臂，也不願背叛他。

的確，他主人的妻子是一位性感迷人的女性，但他很快就看清這條路會通向何方。他就像個魔法師，從心裡在她周圍畫下魔法圈，使她沒有力量踏出圈外。儘管他看得出來她痛苦不堪，儘管他同情她，但他知道，不管她所渴求的是什麼——親密關係？滿足？——他沒有能力給予，就算她每天帶著羞愧的請求以及無助的啜泣是那麼令人憐惜。

他從她身邊走開，以緩慢步伐倒退離去。他為她的痛苦感到心痛。

「非禮啊！」

有一天，她驚恐地意識到這個奴僕永遠不會同意。請求和拒絕的迴圈將永無止境，她會陷入絕望之中，越陷越深。

她的胃一陣噁心翻攪，為了自己變得多麼可悲。為何他不瞭解她的痛苦，至少稍微同情她一些？他不懂她的寂寞，不懂她飽受折磨的羞辱。這個受到寵愛的年輕人得到了一切：姣好面容、好運、主人的信賴、底邸裡從上到下人人崇敬。為什麼他就不該受折磨？

而且，他怎麼敢抗拒她的命令？他是個什麼人物，敢拒絕她？一個奴僕、一個野蠻人！反正，他私下大概也對她有淫念和非分之想，他主張的這些顧忌只不過是他傲慢野心的面具。他想要她的程度，一定就跟她想要他是一樣的——甚至遠超過她。假如她拒絕他的求歡，這個骯髒的小奴僕一定會對她霸王硬上弓。她很肯定。

等他再次進入房間做他的工作時，她抓住他的衣服，說道：「與我同寢！就是現在！」但他閃開了，他把外衣留在她的手裡，快速離開房間。

她尖叫著呼喚自己的僕人。「非禮啊！有人想調戲我！」她起先因為激動過度，加上對約瑟氣得牙癢癢地，幾乎連話都說不清楚。在冷靜下來之後，她說：「是那個希伯來人奴僕。他想要非禮我，但我大叫，所以他從房間跑出去，把衣服留在這裡了。」

當她的丈夫返家，她對他說：「那個你一直非常寵愛的希伯來奴僕，他想要非禮我，我放聲喊叫起來，他就把衣服丟在這裡，跑出去了。這就是他留下來的衣服。」

梳理事情經過

起先，波提乏非常憤怒，並且深深感到失望。但在她離開房間之後，她所說的事情經過在他心裡逐漸開展。

根據與她相處了十年的經驗，他知道，即使在她歇斯底里的時候，她一樣是個傑出的女演員。她的說詞有些聽起來不像真的，她眼底透出的算計目光又要怎麼說？

等他冷靜下來，仔細思索，發現整件事完全說不通。為什麼梅里阿蒙會甘冒生命危險，只為了滿足幾分鐘的性慾（假如他真的能從這件暴行中得到滿足的話）？這個年輕人很清楚，奴隸不服從命令是有罪的，會遭到鞭打，身體內臟會全被取出；對非禮或強奸的罪罰更是恐怖：你會被綁在一根柱子上，生殖器被抹上山羊血，然後有人會放出一隻飢餓難耐的狗去撕咬啃食——這才只是處罰內容的第一階段，假如你有辦法活下來的話。

況且，波提乏不相信他會完全錯看梅里阿蒙的人格。的確，這個年輕人是有可能突然喪失一切理智；但更有可能有問題的是波提乏那極為敏感的妻子，大家都知道她曾經在暴怒之下，對自己丈夫做出令人震驚的指控。

他真的要叫梅里阿蒙來為自己辯護嗎？然後呢？假如他真的替自己辯護，以他一貫的便給口才，難道他的證詞不會使這個女人在僕人面前受到羞辱嗎？難道事情不會傳出去嗎？宮廷裡的女人（還有男人）看到這種繪聲繪影的小道消息，只會見獵心喜。她一定非常痛恨這樣被人討論，而波提乏也跟她一樣討厭這種事。

不，不能深究這件事。接下來最好的處置，是把年輕人關起來一陣子。波提乏擁有的領地（只有最高的王宮官員才有這種特權）上有一座監獄，小小一間，是沙土色的磚造建築，兩側總共有三十六間牢房，他將約瑟分派到保留給王室犯人那一側的牢房。波提乏當然不能跟他聯繫，但是他會確保他享有所有便利的設備、不虞匱乏的書，以及監獄長的照料。

至於罪行，假如真有這樁犯罪，他也無法忍受自己要去探問那個年輕人，或甚至只是去看他最後一眼。誰曉得他的證詞會透露什麼？

突然間，一股哀淒之情襲上他的心頭。梅里阿蒙不在了——他親愛的、聰穎的、美麗的梅里阿蒙。那麼，他現在得做哪些事？首先，縮減他的玩樂時間，然後接管房地產的管理工作——假如他仍具備這樣的能力，諸神也答應給他所需的心靈力量的話。不然，他只能找別人來代替梅里阿蒙了（彷彿這世上真的有人能夠取代他）。

「應該」做的事

約瑟對於入獄一事雖感訝異，但也不完全吃驚。他一直等著會發生某種變故，因為故事不可能在此結束。

現在，在他的牢房裡——其實這間房間相當寬敞，也很舒適，擺了一張小床、一個洗臉盆和水壺、一張書桌，還有一扇窗戶，當他沉思時，有足夠的空間供他來回踱步——他有大把時間去思索事情的來龍去脈，因為和藹可親的監獄長尚未分派任何工作給他。

他回顧他先前在波提乏家裡的情形，意識到整個事態變得有多危險。長期以來，他一直覺得他的生命有完美的平衡。沒有使他分心的人際關係，而他也不需要。他變得更加淡定，個人覺察也日益成熟，他將自己整個人奉獻給工作，致力於把份內之事做到至善至美，就如同他對神全然的奉獻。

他現在二十八歲，在他替波提乏效力的這十一年裡，他一開始就做得不錯的管理

技能持續進步。他的主人對他的表現滿意得不得了，僕人之間也沒有怨言，眾人都欣賞他的公正和公平。他們工作時士氣高昂，波提乏經常告訴他所有人對他由衷感激。

唯一的問題是他主人的妻子。但那個問題持續了好幾個月之後，結果變得無法解決。基達曾告訴他，所有麻煩皆因女人而起，他是對的嗎？但那不可能是真的。他父親的麻煩始於女人的子宮（他與孿生兄弟以掃之間的競爭），一直持續到他為了迎娶心愛的女人而被岳父拉班欺騙（從前，在晚飯過後，約瑟聽雅各說這些故事說了很多遍）。在約瑟自己的生命中，將他帶到埃及的麻煩顯然與女人無關；那是因為他哥哥們的怨恨而起，而這股怨恨又是因他個人的自負和忽視而起。

他自問，這兩個情況，當時跟現在，有什麼相似之處。他對主人之妻是否過於高傲？他的話語或是行為是否曾有任何不妥的地方，使她感到自己被當成輕浮隨便的女人而不是主人尊貴的妻子？他嘗試去回想是否有對她做出任何失禮的舉止，或甚至是他對她的不當看法，但他找不出任何例子。即使在她將自己的慾望坦白以告之後，他在自己身上也找不到負面可評之處，也沒有欠缺作為一個人所該有的憐憫之情。

假如要說有什麼是他可以採取的不同做法，一定就是他與波提乏的關係。或許他應該把他妻子先前所做的淫蕩行為告訴他。其實這個念頭出現過一兩次，但他那時認為這一步不成熟。他想要保護自己的主人，避開他們可能都不知道要怎麼處理的難堪。即便如此，他還是應該要告訴他才對。他應該要直言不諱。

但是，當他更深入思索這個問題，他發現，他認為自己「應該」做的事，只是一個他強加在現實上的想法。說得更確切一點，那是只存在於他想像裡的過去。他怎麼會知道什麼該做、什麼不該做？他怎麼會知道他最多能做的，跟他事實上所做的並無二致？當他思考整起事件，他怎麼能評判怎麼做比較好：他被放在一個不穩定的位置上，他要繼續擔任波提乏的管家，他主人的妻子不忠而為他憔悴（為了她想像中的「他」），而他不願、也無法去平息她對他的慾望。

如果情況有所轉變，會導向什麼樣的未來？誰能知道會發生什麼？把這些事情看作某種失足、退步或是誤入歧途，是很狂妄自負的想法。誰知道將他暫時貶為囚犯的人生大戲，最後會如何收場？他唯一能確定的是，一切發生之事，都是遵照神聖智慧的意志，相較之下，他的智慧根本不算什麼——比不是什麼更不是。

夢境，再次

三個月後，因為某些事，法老對他的司酒長和司膳長十分惱怒，於是把他們下放到波提乏的監獄裡。

司酒長因為能接近法老，是個有錢有權的官員；他的位階非常敏感，他必須值得信賴而不可挑剔，因為賄賂和詭計的危險一直都在。司膳長也是位處高階的宮廷官員，負責烹煮直接送進他陛下嘴裡的食物。

波提乏將約瑟派去伺候他們。他的工作是每天去探訪他們，看看他們的需求是否得到滿足。如果他想要的話，也可以自由與他們閒聊。

一天早上，約瑟注意到他們都露出有些愁悶的樣子。「兩位大人，」他說：「您二位看起來都心神不寧。發生什麼事了？」

「我們昨晚都做了重要的夢，」司酒長說：「但這裡沒有人能夠解夢。」

兩人對於解夢人都有很豐富的瞭解。解夢在埃及是個很受歡迎的職業，社會上各種階級的人都會請教解夢專家。從阿蒙神的大祭司（在宮廷儀式上穿著精緻的祭司服，站在法老面前，旁邊是宮廷裡最舉足輕重的朝臣們）到廉價庸俗的靈媒（在市場上叫賣他們的靈力，身後的木頭招牌上以簡易象形文字潦草寫著各種廣告詞，保證攤位前每個有智慧的客人，未來都會發財興旺、吉祥如意）都是人們詢問的對象。

關於解夢的書也有上百本。每一本書，根據提出之人的說法，都認為自己的系統絕對正確。為了發現特定夢境的正確涵義，你只要找出夢裡出現的每一樣東西，將「所指」替換成一長串對應名單上的「能指」[10]，簡化這些東西之間的共同要素，當成你在用因式分解一元二次方程式，再按照規定的方式重組時空先後順序——然後，看啊！夢境的涵義就會出現在你眼前，跟一顆破掉的蛋一樣清清楚楚。

最被眾人推崇的一本書，宣稱方法是來自一位千年前的先知，他在底比斯沙漠的隱居處冥想四十天的期間，天神「拉」以隼首紅身的形體現身，他親自從天神身上習得這套方法。此書的數量非常稀少，每本都被上了鎖珍藏起來。

要把解夢的方法學到融會貫通，需要耗費多年歲月，可是你一旦學會了，經由合

10 譯注：「能指」（signifier）指語言的聲音形象，「所指」（signified）指語言所反映的事物之概念，此為二十世紀瑞士語言學家索緒爾（Ferdinand de Saussure）提出的概念。

宜的權威認證許可，你就可以確保在法老的宮廷或是任何一個王公貴族的宅第裡擁有一席之地，王公諸侯對埃及迷信的信心，絕不遜於他們對埃及軍隊的信賴。

「真正的解夢是出自於神。」約瑟對司酒長說：「你要不就把所做的夢告訴我吧？我可以解夢。」

他對此頗有自信。他不認為自己是先知，也不認為是神透過他的口來說話（在他看來，這似乎是個很荒唐不敬的概念）。他所說「真正的解夢是出自於神」的意思是，一旦你捨棄瞭解夢的系統、方法，甚至是想要去解釋夢境的意圖，夢的意義就會在你面前自行呈現。

在埃及的這十一年裡，他經常思索這件事。他的結論是，夢純粹是一種無拘無束的思維，夢境呈現了你已經知道、但尚未意識到的存在之物。最好的情況是，如果夢不完全是隨機出現、帶著惡作劇的內心呈現，那它能捨去你的既定印象，把事物的本質留給你：也就是說，夢就是當你超越個人興趣與利益，把所有事物都看作神的各種形式時，你的生命看起來會是什麼樣子——變化自如、不受侷限。

夢是（或應該說「可能是」）未來的預言，因為夢照亮了當前的狀況。畢竟，我們不需要預言的力量就能看出種子會長成莖葉，或是羔羊會長大成綿羊。

他常常想著那些小時候所做的夢，那些引爆哥哥們憎恨火藥桶的火花。那兩個夢帶有傲慢，他已經知道了。但就另一方面來說，那些夢完全不是在說他，不是在說約瑟這個人。他的兄弟、父親，還有他死去的慈愛母親所下拜的對象，是一種在他身上、宛如火焰穿透玻璃般閃耀的特質——是一種智慧與洞察力，可稱之為「清澈的心」（clear heart），也可準確稱之為「清澈的心靈」（clear mind），那也是他自己抱持著謙卑之心所下拜的對象。

那不是他，甚至不屬於他。但是，假如這世界上有任何東西可以稱之為神聖，那就是了。

司酒長之夢

「在我的夢裡，」司酒長說：「我看見在我面前有一棵葡萄樹，樹上有三根枝子，好像發了芽，開了花，上頭的葡萄都成熟了。法老的杯在我手中，我就拿葡萄擠在法老的杯裡，將杯遞到他手中。」

對約瑟而言，把三根枝子解讀為三天並不難。大家都知道法老的生日就快到了，他習慣在他生日當天宣布判決：他會分別做出一張獎賞名單和一張懲罰名單，在一大群貴族的竊竊私語中，由內侍大臣以洪亮的聲音誦讀。

約瑟對這個夢的調性也沒有疑惑，這是一個信心與奉獻的夢。雖然司酒長為這個夢煩惱，但在他描述自己擠壓葡萄、將杯子遞給法老的過程後，現在他口吻堅定，面帶微笑。

司酒長的個子不高，身材圓潤，深棕色的雙眉濃密，跟所有貴族及祭司一樣，理了一個光頭。約瑟看得出來，不當的指控令他悲痛欲絕，很明顯地，他只想要洗刷罪名、恢復名譽。

不管在他的心思底下有何種蠢蠢欲動的野心和謀利，他仍是法老跟前的忠心僕人。就算不是百分之百肯定，但我們可以打賭，在法老的慶生筵席上，他的優秀會獲得表揚，他的罪也會得到赦免。當然，這全看他的主人定奪，而約瑟從波提乏那裡聽到有關法老的事蹟，知道法老是個明理之人，你可以信賴他絕佳的判斷力。

「你的夢是這樣解釋，」約瑟說：「三根枝子就是三天。三天之內，法老必要放你出去，寬赦你，恢復你原來的職位；你要跟從前當司酒長時一樣，給法老端酒。所以你儘管放心吧，大人。不過，當你一切順利的時候，請記得我，替我在王面前說話，幫我出獄。畢竟我是在希伯來人的地方被綁架來的，在這裡，我也沒有做過什麼壞事該受監禁。」

司膳長之夢

一直仔細在聽的司膳長對約瑟說：「我的夢是這樣的。我夢見我頭上頂著三個盛滿麵包的筐子。最上面的筐子盛滿了給法老吃的各種麵包，有鳥飛來吃這些麵包。」

他說話的聲音低沉單調。他是個身形消瘦、長相不佳的男人，眼神到處飄移，不會迎視你的目光。

約瑟注意到，在這個夢裡，沒有與法老有任何接觸。除了被判有罪之外，司膳長有幾十個僕人供他差遣，但為什麼他會夢到自己擔任這麼一個卑微的職位——一個頂著筐子的送貨人，是在廚房裡職位最低的工作？為什麼烤好的麵包和蛋糕沒有送到法老手上，而是在送去之前就被飛鳥吃掉了？筐子顯然代表日子，但是烤好的東西又代表什麼？是人的肉身嗎？那麼鳥呢？有可能就只是鳥而已嗎？

司膳長的憂愁瀰漫在空氣裡。

約瑟想不出要怎麼有技巧地說。「你的夢是這樣解，」他說，直視司膳長的眼睛。

「三個筐子代表三天。三天之內，法老就會傳喚你，砍你的頭，把你吊死在木柱上，會有飛鳥要來吃你的肉。」

司膳長非常生氣。他想反駁，但是當他注視約瑟的眼睛，他發現事實不容辯解。他死定了。

背棄的諾言

三天後，是法老的生日，他要為眾臣僕擺設筵席，便喚來了司酒長和司膳長。他讓司酒長恢復原職，原諒他的過失，以極大熱情歡迎他回來。同一時間，他把司膳長吊起來，就跟約瑟所預言的一樣。

雖然司酒長想要遵守諾言，但事情過後，他沒再多想約瑟的事。

在可怕監禁的最後三天，他感謝這個年輕英俊的野蠻人安撫了他的心，他很高興替他做些什麼事。但是重獲法老恩寵、返家回到妻兒身邊的喜悅，以及重返宮廷生活的忙碌——精心安排的宴席上，他連最細微的動作也都經過精心設計；賽馬、狩獵、化裝舞會和音樂娛樂；和機靈、美麗或兩者兼備的年輕女人打情罵俏；宮廷陰謀；最新的流言蜚語，關於誰是當紅炸子雞、誰又被打入冷宮等的種種樂趣——所有這一切，宛如一大群人發出的喧囂聲，淹沒了他的諾言。

事實上，他根本是盡其所能去避免重溫他待在監獄裡，承受主子不悅的沉重壓力的那幾個月。太痛苦了。既然他現在已經重回原本完整的生活，他又為何要故意自尋痛苦呢？

每當那幾個月在牢裡的畫面從他心頭閃過，年輕的野蠻人都不在其中。司酒長只看得到光禿禿的牢房，裡頭擺著一張破爛小床，他在裡面來回踱步，就像是被關在籠子裡的野獸。

監獄生活

又過了兩年。起先，約瑟抱持希望，雖然他知道不太可能。然後，他將希望擺到一旁，像是已經達成目的、不需要再用到的工具。

在那兩年內，他沒有吃盡苦頭，而是完全相反，他享受監獄生活的簡單。他什麼都不需要，只要一張書桌、書本，以及透過牢房唯一窗戶流洩進來的陽光便足矣。

監牢的伙食平淡但豐盛——麵包、起司、雞蛋、一週兩次供應魚或家禽、清炒的青菜、一杯啤酒。而且因為監獄長信任他，他獲准能自由走動，監督各種事務進行，替監獄記帳，研讀埃及古典作品，偶爾大聲朗讀給在監獄工作的士兵聽，內容包括著名的道德訓示或偉大神廟的讚美詩，這些作品裡所具備的崇高神聖感，呼應他的曾祖父對神的概念。

他最喜歡的冊子是《普塔霍特普箴言錄》（*The Maxims of Ptahhotep*），裡面有清楚、靈敏、實際的建議：「安於你所擁有的過活，不論諸神賜與你何物，都將自行出現。」以及「假如一個人能夠完整地聽完，他就會成為一個完整瞭解的人。」此外還有一段話，幾乎可說是預言了約瑟的將來：「一個有快樂之心的女人，會將快樂帶給她周遭所有的人。」[11]

他會朗讀這些篇章給士兵聽，一次一則格言，讓他的聽眾有五分鐘的靜心時間，回顧自己的生活，尋找有什麼發生過的事符合該則格言，或證明格言所說是真的。對某些男人而言，這個練習很有啟發性。

一週一次，監獄長會請他到私人辦公室喝點啤酒，玩一種我們可稱之為西洋棋的棋戲。談話內容都是監獄長很私人的事。他告訴約瑟，他的妻子正為某種婦女疾病所苦；他提起他那兩個讓他引以為傲的兒子，兩人學業表現優異，正要參與公職考試；他也聊到工作上碰到的許多問題和沮喪。

約瑟很謹慎，但也很愉快，因為他是個很好的聽眾，在對話中，他也總是很有貢獻。雖然約瑟免不了在棋盤上贏了好幾局，之後監獄長還是會拍拍他的背，說跟他一起消磨時間讓他的心情煥然一新。

11 出自克里斯提昂．賈克（Christian Jacq）所著的《古代埃及人的生活智慧》（*The Living Wisdom of Ancient Egypt*）一書。

日子過了一天又一天。一切都很愉快，但約瑟知道這只是一段人生插曲。神以祂無窮盡的巧妙智慧，讓他的生命進展暫且停歇。祂在思考下一步。祂將約瑟捏在兩指之間，一邊查看世界這塊棋盤。

第四部

全埃及的宰相

Viceroy of All Egypt

法老之夢

帝王的私人寢宮以黃、藍二色裝飾，這兩種顏色是法老最喜歡的顏色，象徵太陽與天空。他決定今晚單獨就寢，暫且從滿足他九位妻子和三位妃妾的需求中休息一下。

他走到露台上，在那裡站了十分鐘，倚靠在大理石陽台邊，眺望在月光下閃閃發亮的尼羅河。然後他走回房裡，掀開藍黃相間的羽絨被子一角，爬到床上。時間仍早。他非常疲累。房門外的守衛接獲嚴格指示，絕對不能讓任何人進入，不論所求之事有多麼緊急。

他是個身材高大、精力充沛的男人，年紀四十出頭——一位優秀的將領、有效率的立法者、手腕高明的管理人，對無關緊要之事沒什麼耐心。他很少記得自己做過的夢，偶爾記得的時候，他笑笑不當一回事，就像是你逮住一個調皮小孩做了無關痛癢的惡作劇，你沒有處罰他，便揮揮手放他離開。

但這個夢不同於其他。

他以前從未夢過尼羅河，所有的祝福都源於此河。他夢到他單獨站在岸邊，四周沒有任何朝臣跟在身邊，他向外眺望，沒有沉思，而是有所期待。就在這瞬間，他的感覺彷彿化成肉軀，一頭母牛從水面下探出頭來，慢慢走向岸邊。牠肥碩美麗，一身紅褐色的毛皮。當牠站在陽光下，側腹淌著水滴，另一頭母牛浮出水面，從河裡走出來，站在牠旁邊，接著又出現另一頭母牛——總共有七頭母牛，全都是健康、肥壯、美麗的動物，站在那裡，各個心滿意足的樣子，背對尼羅河，站在陽光之下，側腹滴著水。法老吃驚地繼續看著牠們，心中驚奇不已。

但在此時，有一種不好的預感浮現，感覺再次化成了肉軀，當他望著滔滔大河，又有七頭母牛從水面下浮出，一頭接一頭——但這些動物骨瘦如柴，不忍卒睹。牠們朝那七頭肥壯的母牛走去，令他震驚的是，牠們把那七頭母牛吃掉，從尾巴開始慢慢往前吞，直到牠們紅褐色的口鼻也進入張大的口中，連同身體一起被吸了進去，全身上下通通消失無蹤，然而，這七頭枯瘦的母牛看起來依然跟之前一樣乾瘦。

此時，法老忍不住顫抖起來。他不知道正在發抖的是站在尼羅河畔的他，還是在床上醒來的他。

他試著回去繼續睡覺，但不好的預感使他輾轉難眠，姿勢換來換去。當他總算能

再次入睡，他做了第二個夢。他看到一根麥莖上長出七個健康的麥穗，個個肥大、成熟、飽滿、金黃。接著，又有一根麥莖長出七個麥穗，枯槁細弱，被東風吹焦了。第二根麥莖往第一根麥莖彎過去，那些細弱的穗子吞掉了那七個佳美的穗子。

法老再次醒來，渾身是汗。

無法解釋

這兩個夢都具有一種急迫感，儘管不清楚是什麼人或是什麼東西在呼求他的回應，法老也知道自己必須立刻採取行動。但是要怎麼做？這兩個夢的意義無法解釋，有如一份未知的書寫文字，他該怎麼辦？

他討厭不確定的感覺。在日出前的幾個鐘頭，他在寢宮裡來回踱步，感到心亂如麻，無法平靜，越來越煩躁。

就像他那些備受尊崇的祖先，諸神信任他，將整片土地的福祉交付於他。這塊土地仰賴他，如同小孩仰賴父親及母親。上至貴族、下至佃農，他要有能力保證他領土上每一位臣民的福祉，一切有賴他的明智判斷和計劃。然而，以他目前混亂的狀態，他連評估情勢都做不到，更遑論其他。

他感覺雙臂好像被粗重的繩索緊緊捆在身體上，掙脫不了。他想要拿起一個無價的古代花瓶朝牆壁扔過去。他想把一個人勒死。

解夢人的種種結論

早上十一點，幾位解夢人花費兩個鐘頭去查閱必要的資料之後，再度站回到法老面前。他們身穿打摺的白袍，手握黑檀木的木杖，一個接一個發表結論。

第一個解夢人說，七頭肥壯的母牛，代表七位強勢的國王會被法老堅不可摧的兵力所摧毀；七顆飽滿的穗子是七種潛藏的疾病，將由法老手下忠心耿耿、醫術高明的醫生所消弭，那些瘦弱的穗子則象徵著醫生經常擔心主人的健康。

第二位解夢人說，七頭肥壯的母牛是七位外國公主，將會被送來給法老當新娘，附上結為盟友的提議，瘦弱母牛代表孩子吸吮母親的乳房。諸如此類。

每一種解釋提出時，解夢人都信心滿滿。在最後一個解夢人說明之後，聚集在此的聖賢透過他們的代表宣告，不論法老以他的智慧決定採用哪一個解釋，他的夢境主旨都非常清楚：上天的榮光恩典將會繼續照耀陛下到永遠，未來只會帶來更多他目前所享受的榮耀，未來也注定會繼續享受。

法老厭惡地搖頭。所有的解釋都是阿諛奉承、千篇一律的廢話。那些廢話與令他驚醒的可怕夢魘有何關係？

就在此時，司酒長記起來了。一切回憶在瞬間重現：年輕的野蠻人、預言、釋放、重回主人賞識的喜悅。他對於自己沒有遵守諾言深感羞愧。他沒有任何解決辦法，只能在法老面前全盤托出。年輕人至少值得他做這件事。

司酒長一說完，法老立刻差人將約瑟從牢裡召來。

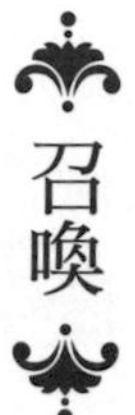

召喚

寫在莎草紙上的信函仔細捲起，以金色絲帶繫好，並蓋上王室聖甲蟲圖案的紫色封蠟。監獄長將這封信函交給約瑟，然後小心翼翼地告退（他也留下一件上等亞麻布製成的白袍，以及一雙昂貴的涼鞋）。

約瑟打開信函，訊息以僧侶體文書（hieratic scripts）寫成，使用了紅黑兩色墨水。要他在兩個鐘頭內覲見法老。

啊。所以司酒長終於提起他了。

法老的召喚必定與夢境有關，這是司酒長會報告給法老的事。法老必定是做了一個很重要的夢，找約瑟去解夢。他不知道他要怎麼完成這件事，但他知道他辦得到。

他在頭上和臉上抹上泡沫[1]，停下手上的刮鬍刀，直視掛在洗臉盆上方、一面有缺角的小鏡子。他和鏡中的影像對視，看到那雙眼睛綻放出興奮之情，閃閃發亮。

但是，在興奮情緒的表面下，他感覺得到一種深層的平靜。「別以為法老會認可你。」這個念頭突然進入他的意識裡，他露出了微笑。這是個警告？一種對抗失望的迷信咒語？還是要讓他認知到，想要迫使現在進入一萬億種可能未來的其中一種（而這些未來無一能夠事先判斷）是徒勞無用的事？

刮鬍刀從他的臉頰往下滑，他可以感覺到鬍鬚的短暫反抗，然後投降。刀鋒過去，在白色泡沫中刮出一道肉色，皮膚跟嬰兒一樣柔細光滑。

1　磨坊主人哈納尼亞拉比（Rabbi Hananiyah the Miller）說：「約瑟看起來就跟個埃及人沒什麼兩樣。如聖經所述：『各人頭上光禿，鬍鬚剃淨。』」（以賽亞書15章2節）迦密的努里之子亞布塔林拉比（Rabbi Abtalion bar Nuri of Carmel）則說：「若要我們突顯自己與外邦人不同，就以我們的內在精神來彰顯。如聖經所述：『人的智慧使他的臉發光。』」（傳道書／訓道篇8章1節）

「這不在於我」

一群朝臣分開兩側，讓路給約瑟和兩名守衛通行，穿過王座廳。他現在就站在通往法老王座的階梯前。這張王座以黃金包覆，並且以半寶石裝飾。王座尖頂的雙獅獅首瞪著約瑟看，眼神恫嚇，彷彿正準備要發出兩聲迷你版獅吼。

「我做了一個夢，」法老說，聲音響如洪鐘，語帶權威。「但是沒有人能解釋是什麼意思。我聽說過你的事。有人告訴我，你懂得解夢。」

「這不在於我。」約瑟說：「替法老您正確解夢的是神，不是我。」

這個年輕野蠻人口中的「神」是指哪位天神？法老仔細觀察他，試著從他臉上讀出些訊息。他沒看到任何欺騙詭計的蛛絲馬跡，但他也找不到智慧。這張臉令人看不透。難道光是年輕人的俊美就能阻隔任何想要看穿他表面的探究嗎？

約瑟的信心不是在自己身上——倒不如說，不是在他所認知的那個自我裡，在他遠離了過去的那個約瑟後，仍然留存在他自我之內的，才是他的信心所在。他一直處於那種內在警醒的狀態，他成為傾聽者，沒有任何意圖、沒有先入之見、沒有要捍衛的主張，也沒有要期盼的結果。

沉靜而細微的聲音在他體內升起，這是神的聲音，也是理性的聲音，褪去了因為慾望與好惡牽引而造成的自私與扭曲。它存在於超越善與惡、幸與不幸等概念的地方，因為神超越所有相反之物，這個世界上到處都有祂的存在，關係如此親密，以至於約瑟聽到「不幸」一詞，只認為那是一次洞察失敗的經驗。

「不幸」是還沒有被認可的祝福。在約瑟的經驗裡，只有神的祝福存在。在每個可怕惡運的偽裝後面，都有神的祝福等著被發現。不管這些夢喻示了什麼明顯的不幸，都可能轉變成對所有人有益之事，假如法老有注意到的話。

法老盡可能就自己記憶所及，將他的兩個夢境鉅細靡遺告訴約瑟。「我把這一切說給我的解夢人聽，」他總結道：「但他們沒一個人可以講出說得通的意義。」

兩個夢境，一個意義

約瑟遇到的這幾個埃及人所做的夢，其絕妙之處在於，它們可能並非來自神的直接天啟（約瑟想不出有什麼理由去認為神的啟示有任何專屬，因為所有人都知道，神也關心埃及人、美索不達米亞人和迦南人的福祉，就像祂關心約瑟自己部族的福祉一樣），但是，這些夢卻很具體地將時間轉化成了空間。

司酒長夢到的三根枝子，司膳長夢到的三個筐子。三很容易對等於天數，尤其是之前大家一直把法老生日時的賞罰名單放在心上。那麼法老夢到的「七」難不成也是指日子？不對，從牛和麥穗、豐收與歉收季節的脈絡來看，數字七一定是年份的象徵。所以結論是：豐年和荒年將會一個接一個發生，豐饒之年與貧乏之年，歉收會將豐收吞噬殆盡。

這個結論並非經過推理而得，就只是突然在他眼前出現了，在時間順序的控制之外。假如這樣的推理可以及時發生，它一定是被壓縮在一眨眼的時間內，而身在其中的約瑟擁有全世界的時間，就如一位偉大的運動員，在比賽生涯的最高峰可以進入心靈領域，在那裡，一秒鐘可以擴展為一分鐘（比方在打網球時，球以一小時一百英哩的高速往前飛馳，在他眼裡，球卻是慵懶地飄過網子，體積還跟香瓜一樣大）。

「其實這兩個夢可以當作一個夢解釋。」約瑟說：「神已經把自己要做的事預先告訴陛下了。那七頭肥壯的母牛代表七年，那七個飽滿的麥穗也代表七年；這兩個夢有相同的意思。接著上來的那七頭瘦弱的母牛和那七個枯瘦、被東風吹焦了的麥穗，都代表七個荒年。

「就像我剛剛奉告陛下的，神已經把自己要做的事預先指示陛下了。埃及全境將有七個前所未有的豐年，接著有七個荒年。饑荒將毀壞埃及全境，使人忘記從前有過豐年；饑荒嚴重得使人再也記不起從前的豐年。陛下重複做了兩個夢，這表示神決意在不久的將來實現祂的計劃。

「因此，我建議陛下起用有智慧、有遠見的人，派他管理國政，並指派其他官員，在七個豐年期間，徵收全國農產物的五分之一。命令他們在將要來臨的豐年期間收集五穀，在各城儲備糧食，派人管理。在接踵而來的荒年期間，這些囤糧可以供應全國人民，使人民不至於餓死。」

一片肅靜。所有目光全都朝向法老。所有人豎起耳朵，等待他開口說話。

被起用的人

「建議陛下起用有智慧、有遠見的人」——約瑟並沒打算說出這種話。他很訝異這幾個字從他嘴裡說出去，但身為一個好的傾聽者，他可以感覺到這個說話者所說的話是公正的。

從解夢跳到建議，這個表現十分傑出，換作他人也不會有更好的表現。約瑟一定會為此拍手稱好。但那是別人，一直以來都是別人，而不是他。

當然，他所意識到的這個自我，並非說話的那個自我——既有魄力又謙恭有禮，使得這個建議聽起來無比謙遜，彷彿現在直指法老而去的那些閃爍的隱形箭矢，完全不是出於他手，而是洞察到法老本身所受到的啟發才油然而生。

不管這個想法如何出現，現在都成了事實。他自己就是他所建議的那個人。他曉得，房間裡的每個人也都知道。

現在再清楚也不過了，從他出生那天起——自從時間伊始，他就被選來做這份工

作——此刻，對於他必須知道什麼或是要做什麼才能完成這項重責大任，他只有模糊的想法。但是他很確定，當他一邊著手進行，細節自會一一浮現。

解決之道一定已經呈現在問題裡，就跟夢的意義一直在夢裡出現一樣。

治理埃及

法老對這個計劃很滿意。[2]他轉向他的朝臣，說道：「我們再也找不到比約瑟更理想的人，因為有神的靈與他同在！」

法老的這番話其實與神無關。他並非在找尋靈感或直覺，他毫不在意約瑟的聰明才智從何而來。他所說的「有神的靈與他同在」，是指實際靈慧的靈，尤其是在政治、經濟方面。法老也知道如何聆聽那些沉靜而細微的聲音，這個聲音偶爾會對他輕聲低訴。他需要一點時間去理解這個年輕人的傑出能力，他很信任這個看法，願意用整個帝國的福祉來賭上一把。

「沒有人比你更有智慧、更有遠見。」他對約瑟說：「因此，我要派你治理我的國，我的人民都要服從你的命令。唯獨在朝廷事務上，我的權力比你大。」

2 姑珥的約納丹之子哈尼納拉比（Rabbi Hanina bar Yonatan of Jenin）說：「法老這個人明辨是非，看得出來約瑟說的是實話。如聖經所述：『公義的嘴為王所喜悅。』」（箴言16章13節）

他摘下手上帶印的戒指，戴在約瑟的手指上，這枚戒指使約瑟能以法老之名簽署法律文件，他給約瑟穿上一件正式長袍，以上等白色亞麻製成，並且戴上一條表示官職的粗金鍊。

穿上這件袍子、頸上掛著表示官職的金鍊，約瑟看起來格外英俊瀟灑。

神的小玩笑

約瑟畢恭畢敬接受了宰相的職位，但內心感到戰戰兢兢，因為他深知，財富與權力有多麼容易腐化一個人的正直，以人們難以察覺的卑劣方式。他將來必須萬分小心，以他現在被賦予的至高無上權力，他不能將個人意志與至高智慧的意志相混淆。

但他享受他的特權。所有盛大的場面都很有意思，其實，對於神的幽默，他應該要好好笑一笑才對。身形修長、頭髮抹了油膏的年輕傳令官跑在他的座車前頭，放聲高喊：「讓開！跪下！」然後廣大人群立刻屈膝，跪成一片人海。

這個場面呼應了他在十三年前所做的夢，甚至更誇張。約瑟不禁會心一笑，儘管只有他和神懂得這個小玩笑哪裡好笑。

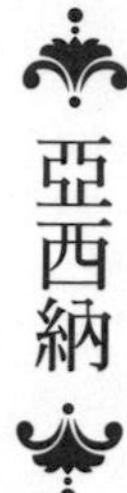

亞西納

就這樣，法老命令約瑟統領全埃及，並賜予他一個埃及名字——撒發那特・巴內亞（匝斐納特帕乃亞），意為「活著的神透過他來說話」。皇室頒布詔令如下：

告爾臣民、黑色之地諸民：

撒發那特・巴內亞乃朕新委任之宰相，彼即朕身，以朕心思之，以朕舌言之。自今始，凡於埃及境內或朕之帝國遍地任一建設工事，未經朕之宰相於書許可，而不得一日成。

法老也將安城（翁城）的太陽神大祭司波提非拉（頗提斐辣）的女兒亞西納（阿斯納特）許配給他為妻。

在約瑟少年懷春的年歲，約莫十四、五歲時，他想像過在部族裡成親的事：娶一個漂亮的猶太堂妹或姪女為妻。但顯然神為他有其他打算。亞西納是一個外邦人：鼻子短而直挺、如蜂蜜般金黃的頭髮、柔滑細膩的玫瑰色肌膚、嘴唇如成熟的蜜棗、一雙藍眼散發喜悅的光芒。她的個性柔順優雅，與約瑟那兩位不時會使性子、讓人不愉快的曾祖母撒拉（撒辣）和祖母利百加（黎貝加）恰恰相反（從雅各告訴他的故事裡，他對她們知之甚詳）。

法老把亞西納當作女人中的珍寶許配給他，如聖經所述：「才德的婦人誰能得著呢？她的價值遠勝過珍珠。」[3]約瑟完全瞭解她的價值，並且非常珍惜她。

他的個性就是嚮往一夫一妻。在埃及宮廷裡有許多誘惑——也就是女人，她們會誘惑那些不像約瑟那樣專心一意的男人。約瑟全心專注在他認為世上最重要的兩樣東西上：婚姻和工作。這兩方面都是他敬拜神的方式，他全心全意奉獻。

幾十個女人對他頻送秋波，其中蘊含的慾念絕不是弄錯，他曾經在波提乏妻子的眼裡看到過，但他對她們幾乎沒有留下印象。他知道要怎麼樣用幾句仁慈的話輕輕帶過，然後繼續處理重要之事。

3 箴言31章10節。

與亞西納一起生活

他們位於挪弗（諾夫，即今日的孟斐斯）的房子太大了，但亞西納從小就在這種富麗堂皇的環境裡長大，所以很習慣。約瑟不想要她的富足感在各方面降低，因為她對自己慷慨以待，她對別人也會慷慨相待。

這棟房子是法老在他們大喜之日送給他們的禮物。其實，要把這棟房子看成房子很難；這是一間如宮殿般的府邸，以大理石、石灰岩和花崗岩搭建而成，裡頭有十幾間裝潢高貴的房間，除了每週用來為貴族、高官朝臣、外交使節舉辦慶祝晚宴，大多數房間他跟亞西納都用不上。圖書室是約瑟最喜歡的房間，裡面放了一張舒適的扶手椅、一張典雅的文士桌和椅子，從天花板到地板的櫃子裡，放滿了最傑出的埃及與亞甲（阿加得）詩詞、哲學與政經代表作品。

至於府邸的牆面，外頭塗上亮白色，裡頭則是豐富的各種顏色。上釉的陶瓷磚鋪在表面，以幾何圖形或是大自然的意象來裝飾：花、鳥、藤蔓、棕櫚樹和香柏樹、紅牛在碧草如茵的草地上吃草、綠牛在紫色的草地上。在主臥室的地板上，一位知名工匠繪製了尼羅河的景色，畫滿各式各樣的魚，河岸邊是一大群白鷺、鵜鶘、朱鷺、鸛鵝和鴨。紅、藍、黃三色的螺旋花紋和牛頭圖案佈滿天花板，由巨大蓮花形狀的石灰岩柱所支撐。

約瑟剛搬進去時，對於這一切奢華感到惱怒。如此豪奢，真是太浪費時間和金錢了，他只覺得輕浮且不必要。但他明白這樣的豪奢無法避免；這是他身為宰相的地位表徵，況且這些使亞西納高興。所以他調整自己對新環境的心態，很快就接受了，甚至享受其中——神以法老的樣貌現身，如此慷慨大方地贈禮給他。

管理這棟房子的裡裡外外，維護建築和土地需要一百位僕人：私人秘書、司帳長、司酒長、貼身男僕、侍女、藥師、司膳長、廚師、廚房裡的女僕、園丁、打掃房子的人、以及小廝。儘管約瑟覺得管理他們很容易，但在白天，府邸裡到處人來人往，他偶爾會感到壓力。他會把自己關在圖書室裡好幾個鐘頭以維持內心平衡。在這種日子，他非常盼望晚上趕快到來，到時僕人已經離開，他又能與摯愛單獨在一起。

亞西納很美，不論男女，大家總是愛上她。他們覺得她的迷人之處並非外貌，儘管美貌當然也是他們這種反應的一部分。吸引人的是她的喜樂——她所受到的祝福，

你甚至可以這麼說——那份喜樂似乎從她內心流洩而出，充滿了她的雙眼。

當你在她面前，你感覺自己也被包含在這份喜樂裡；你感覺自己不知怎地也在與她分享，彷彿她有無窮盡的喜樂供應給你。當她與你說話，即便你只是一個廚房女僕或是田野間的奴隸，你都感覺到她熱切注視你，彷彿你是大地上唯一的一個人——彷彿在那幾分鐘內，你就是她的摯愛。約瑟常常目睹這一切，他因此更愛她了。

她在許多方面都優秀傑出。她有很高的智力，和約瑟一樣，儘管形式完全不同。約瑟的反應很快，她卻非常閑散，在等她做決定時，他得用上自己儲備好的大量耐心，而當她一做好決定，就不可能動搖。

約瑟的聰明才智是直接的，是從甲地到乙地以直線移動；亞西納像是螞蟻，繞來繞去，路線搖擺不停，向前、往旁邊、倒退、對角線、原地繞圈、不停繞圈，要她從甲地到乙地，她可能會繞過乙地，到達意料之外、充滿驚喜的丙地。她的行進看似隨意，卻有複雜的數學根源。

約瑟的禱告生活是聆聽的練習，他的自然狀態是視覺性的，偶爾有些天馬行空的想像；亞西納則是「聽見」事情。她的思考方式像是一段音樂，有節奏、旋律和條理。有時在思考過程中，她會發出銀鈴般的笑聲。

她的個人情感毫無拘束和保留。當她大笑或大哭，是最強烈的喜悅或悲傷的表現。假使她生他的氣，像她偶爾會做的那樣（通常有個好理由），她純粹就是生氣，沒有惡意或指責——就像一種自然現象，像是夏天的暴風雨或一場突如其來的洪水——等到情緒發出，過了五或十分鐘之後，便船過水無痕。她會再次以款款深情的目光看著他，彷彿剛才爆發的情緒是千年前發生的事，彷彿片刻之前的原因已經永遠從地面上消失無蹤。

她的正直人格無懈可擊。她是約瑟所遇過最誠實的人。她說是就是，說不是就不是，他總是能信賴她。這當中沒有假裝或是別有所求。她絕不開口去獲得他的愛或贊許。她不需要任何人的愛或是贊許，她只要她自己的貼心，這奠定了她了不起的寬大作為。約瑟以深遠的崇敬之心親身體驗過。

「我娶了與我旗鼓相當的女子。」他心想：「我像是亞當一樣，和我的妻子一起進入伊甸樂園，兩人合為一體。」[4]

她有她自己的天地和興趣，一個充滿藝術、音樂和獻奉給太陽神拉的世界，約瑟

4 典出〈創世紀〉2章24節。

從未覺得自己有必要去讓她保持開心。她的日子跟他一樣充實，那些事情吸引了她的想像力。當她和約瑟在晚上碰面，他們的專注與關心都放在彼此身上。

她是個絕佳的聆聽者，約瑟也知道要怎麼傾聽，但是亞西納的聆聽品質超越他的所知範圍。當他與她交談嚴肅話題，他彷彿踏進某個氣氛純淨之處，他的頭腦會想得更深更遠以符合這個氣氛，就像深山裡的空氣能讓人呼吸更深入一樣。

他沒有主導他們的談話，其中自有流動；她說的話幾乎跟他一樣多，富有機智與挑逗的可愛遊戲同時出自兩人彼此的喜悅。但是他在說、她在聽的時候，他會發現自己以新穎、不同的方式思考，彷彿他的想法透過她的沉默共鳴而有所轉變；彷彿他的想法從固執的男性、固執的約瑟那裡得到釋放而解脫，帶著她與他一樣多的回應，回到他的耳朵、身上；這新的想法宛如一個與雙親相像的孩子，出自父母雙方，只是像父親與像母親的地方各有不同。

親家

亞西納的父親名叫波提非拉（名字是四個字），不要把他與侍衛隊長波提乏（名字是三個字）搞混了，你可能還記得，波提乏無法生育。安城（與「石頭」一字發音押韻）是埃及最古老的城市之一，波提非拉是該城的太陽神大祭司。

對於要當異教徒祭司的女婿，約瑟沒有意見。他反而很高興法老想要他與古老的祭司家族結為姻親，因為他們是王國裡的高級貴族，其中有些家族接受的教育最多，而且眼光敏銳。

波提非拉將自己奉獻給一位賦予人類生命的天神，這位天神在許多方面都與約瑟本身所敬仰的神一樣慷慨無私，約瑟對波提非拉此舉獻上最高尊敬。這些並非只是說說而已，他的岳父母是他所見過最正派、誠實、迷人、無私、仁慈的人。

他非常喜歡與亞西納定期探訪他的岳父母。亞西納的母親是位聰慧、有文化涵養的夫人，她起先很排斥要歡迎一位野蠻人入主她的優秀家庭，不論他多麼有權勢或是

多麼有榮耀。但她越認識約瑟，她的評判就越加軟化，到了第三次來訪，她便以深厚的感情和尊敬去接待他，亞西納求之不得。

波提非拉沒有這種偏見。他立刻就看出約瑟心智的質地，他們的關係從一開始就溫暖坦誠。用過晚餐之後，當女士們回到客廳休息，他和約瑟會一起走到柱廊，坐在兩張排在那裡的舒適椅子上，喝著古埃及當時等同於現代所謂的年份波特酒，談論神聖之事。

波提非拉對天神拉的理解非常微妙，絕非單單將之視為實際的太陽，更別說把祂與大眾崇拜的那位隼首人身的修長男人混為一談。他與約瑟共享一種對於不可說、不可知事物的包羅萬象的信任。約瑟認為，波提非拉太執著於光而沒有發現光也是自己相反的一面，簡言之，波提非拉對神的概念過於狹隘。但話說回來，約瑟的概念也一樣。任何一個人的心智皆是如此。

對於約瑟作為宰相的能力、有義務參與的特定宗教儀式、許多儀式和神話，還有經常提到來生的說法，在波提非拉看來，都是細枝末節的愚蠢之事；但有些時刻，他可以全心全意地同意儀式裡的話語及文字，尤其是〈日之禮讚〉（Great Hymn to the Sun）[5]，在阿吞神（Atum）神殿內，由兩百名年輕男女所組成的歌詠隊吟唱：「您現身天邊……」他們如此唱道，約瑟會感覺自己的身體開始出現充滿感動的雞皮疙瘩。他知道所有接下來的歌詞，文字美麗又真摯，隨著音階上下起伏的旋律，以緩慢柔軟的音波旋繞四方：

您現身天邊，輝煌之陽，生命之父。
當您在東方天空升起，
您以個人的美充滿了全世界。
雖然您遙不可及，
但您將您的光芒送至人間大地；
雖然您在人的面容上閃耀，
您的道路無人可見。
您在我們面前出現，黑暗消褪，

5 〈日之禮讚〉由法老阿蒙霍特普四世、亦即阿卡納頓（西元前十四世紀）所撰寫，收錄在《動物寓言集：動物詩選》（*Bestiary: An Anthology of Poems about Animals*）一書。這首詩歌是《希伯來詩篇》（*Hebrew Psalm*）第一〇四篇的靈感來源。

世間萬物歡欣鼓舞，
您完整照耀一切您所創造的萬物。
人甦醒，以腳站立；
沐浴更衣，舉臂高起向您感謝，然後外出工作。
牛群在牧草地上吃草，樹木青草欣欣向榮，
鵝群在沼澤地裡振翅鼓動，往天空伸展翅膀，
為了崇拜您，
綿羊以羊蹄舞蹈，鳥兒飛進空中，
因您在牠們身上閃耀而歡欣鼓舞，
水裡的魚兒躍起，
在您的面前，您的光線投進綠色大海。
女人體內種子的創造者，
您照顧尚未出世的孩子，
您安撫他，所以他不會哭，
您將他帶進天空，

您打開他的嘴，將他一切所需賜與他。
當小雞透過蛋殼說話，
您傳給牠生命氣息，讓牠的形體完全；
牠一路啄出去，站起來，用盡全力吱叫。
您的創造如此多元豐富啊，
噢，獨一無二的神！
這個世界有多麼美麗，
照您所想望的被創造出來，
就靠您獨自一人！
這個世界有多麼美麗，
有著數以億計的生物——
不論它是在海裡游泳，
或者在地上行走，
或是飛過蒼穹。

波提乏伉儷再度登場

在授職儀式結束之後，法老向約瑟介紹了數十名親王和祭司，他們來自不同的古老家族，勢力都一樣龐大，人數之多，讓約瑟只有幾分鐘時間可以和每個來他座前向他鞠躬或行屈膝禮的人相處。

每個人都祝他一切安好，他們以從小開始使用的宮廷語句中最新或最流行的變化說法來問候他。過了一會兒，為了避免無聊，約瑟出於好玩，就偶爾擷取其中幾句話稍微修改一番，再這樣問候回去。有些貴族男女只是茫然望著他作為回應；有些人起先看起來有點驚慌，但很快便閉上眼睛，謹慎地鞠躬來結束談話；也有幾個人對新宰相的機智開心大笑。

當約瑟意識到他造成對方不安，便停止了巧妙應答，繼續忍受無聊，有如安坐在塞滿東西的扶手椅上。

大約過了三十分鐘後，波提乏夫婦前來介紹他們自己。波提乏臉上盡是笑容，看起來像一位驕傲的父親，前來參加自己兒子的畢業典禮。恭賀與祝福從他嘴裡源源吐出，如同古典的簽名總是附帶一連串花體裝飾。他使用的語言傳統而普通，但顯然十分真誠，因為他發亮的臉龐反映並證實了他的感情。他行鞠躬之禮，向約瑟保證，有關約瑟被監禁的理由，他一直都很謹慎；他妻子的奴僕遭到刑罰之痛，全都發誓保密，沒有別人知道，永遠不會有人知道。

約瑟不在乎其他人在他背後說什麼話，但他對波提乏報以溫暖的微笑，並向他致謝。然後他轉頭看著她。

她今晚看起來明豔動人，身穿一件閃亮的寶藍色連身禮服，從胸口到腳踝，由兩條寶藍色的寬肩帶所固定，胸前掛了一條顯眼的胸飾，以黃金、紅玉髓、青金石、紅寶石、石英和綠松石所組成，圖案描繪一隻金綠相間的隼。她的雙頰泛紅，顯然她感覺到了強烈的情感，但約瑟無法分辨是哪些情感。在傳令官宣布她的名字之後，她向約瑟行了深深的屈膝禮，眼睛一直往下看著地上。

在他身陷囹圄的期間，他常常想到她，並且從未責怪過她。當她指控他強暴時，她顯然是失去了理智，不知道她的譴責會讓他接受恐怖的懲罰——或是她一直都很清楚，而那只證明她的思考有多麼失序。他知道她無法控制的慾望如何使她飽受折磨、

被困得有多深，他也很容易就能看出這種慾望如何轉化為仇恨。這個可憐的女人心慌而絕望。他怎麼能為此怪她？

他看著她行禮。他猜想，既然他現在被賦予這樣的權力，她是否感到一絲恐懼，深怕會遭到報復。於是，在她起身之後，他對她開口，語氣非常溫柔：「夫人，我也祝您一切安好。我祝您盡享世間一切歡樂。」

她頷首致意，但眼睛仍舊盯著地上。然後她和波提乏向後倒退，接著離開，而下一對夫妻走向他的寶座。

約瑟不捎口信回家的理由

「約瑟怎麼能對自己年邁的父親沒有半點同情？」十三世紀的哲學家與聖經評論家納赫曼之子摩西（Moshe ben Nachman）[6]問道：「他怎麼連封信都不寄回家，好讓雅各知道他還活著？從埃及到希伯崙只要六天的時間。」

你不覺得從他這段話裡流露出來的義憤之情很美嗎？思考一下這個情況，乍看之下，似乎是約瑟打破了十誡中的第五誡「要孝敬父母」[7]，犯了非常嚴重的罪（雖然以年代來看，第五誡當時還不存在）。

以下是解釋。

約瑟當上宰相，便能自由、隨心去做他想做的事，他沒有一天不想送信給雅各，

6 納赫曼之子摩西生於一一九四年，卒於一二七〇年。他以縮寫名「倫班」（Ramban）為希伯來人知曉，基督徒則稱他為納曼奈德（Nachmanides）。

7 典出〈出埃及記〉（出谷紀）20章12節；〈申命記〉5章16節。

或是親自回希伯崙一趟。他鉅細靡遺地想像著返家的過程：他如何到達雅各的帳篷而無法掩飾激動之情，他是怎麼走進門口、奔向他吃驚的父親並且將他擁入懷裡。他可以看到一切，可以聞到他父親身上的味道，可以感覺到他父親粗糙的鬍子在他臉頰上摩娑，這種逼真的現實感，使得他當下彷彿置身夢中。

第一個星期，回家的渴望是他每天幾乎無法抗拒的誘惑。

然而，他越為這件事禱告，就越覺得他這樣做似乎不對。他是這樣祈禱的：起先，他想像自己寄了一封信回家，或是真的回家（他從來沒在這個畫面裡看到他的兄弟們，只有他哀傷不已的父親）。接著，他在這個畫面裡加入一個無聲的問題，然後等待、聆聽。這過程像是蝙蝠的回聲定位——將聲波投射到洞穴石壁上，聽回音來確定自己飛行的位置。他無聲投出去的問題，返回他身上的答案總是否定的。

就像你能理解的，他對於這個否定的答案很感興趣。所有道德、孝順、得當和人道的做法，通通指向肯定的答案。為什麼不讓他可憐痛苦的父親知道他還活著？有什麼可能的理由要去延長一個老人的哀痛，哪怕只是多一天、多一分鐘？然而，否定的答案十分清楚。他沒有懷疑。他只是不懂原因。

原因可能與他的環境改變了有關。假使雅各知道他還活著，一定想要他返回迦南，同時，雅各也一定不願離開自己父親和祖父的埋葬之地。這會是一個無法解決的問題，只會引起老人更多不必要的折磨，因為約瑟不可能離開埃及。全埃及的福祉都託付在他身上，在迎接前七年的豐收期間，他有上千件事情要去做，上千樣事情要去學習。

當然，為埃及人的福祉工作，也等於在為父親的福祉努力。這個需求很緊急。假如他不以最小心謹慎的方式去執行他的計劃，等饑荒來臨時，他的父親會餓死，他的兄弟及其家人和迦南的每個人也一樣會餓死。他怎麼能將自己的專注點從任務上移開？所以，比起知道他還活著卻不能回家，讓他父親繼續相信他已經死了（他對這想法已經漸漸習以為常）不是比較好嗎？何況，他不能回家的原因，老人根本無法理解，甚至連他自己都覺得這原因似乎是一種反抗和挑釁，只會造成更多的哀傷。

否定的答案也可能和他的兄弟有關。假如他們沒有反省懊悔，那麼他的寬恕對他們來說就一文不值。他知道，寬恕不是應得或可以掙得的，但是無論如何，他的寬恕已經在那兒了，沒有任何預謀，他們隨時都能承接，他的寬恕一直在那裡等著他們。

但是，為了他們好，這個轉換必須是互相的。如果他們沒有意識到自己做錯事，並且真誠地懺悔，他便無法做任何事來幫助他們；而如果他有能力辦到，他會很願意幫助他們。他對這些男人的愛漸漸增多，很容易去想像這些年來他們的良心所背負的沉重負擔。他得去確認他們是否已經懺悔。他要怎麼查證，目前還不知道。

事實是，他在等待一個契機。向家人表露身分是他內心的渴望，但時機很重要。他還不知道要怎麼做，他信任未知。

任何只出於個人慾望的動機，他都拒絕採取行動，不管這個動機乍看之下有多麼道德。這個行動必須自主發生，沒有他的個人意識干預——也就是說，必須要由天命之手將它放在銀盤上，端給他看。他有信心，這個契機出現之時，他必能看得出來。

信仰

我想先在這裡暫停一下，思考約瑟對於未知的信任。

他必須為了自己去發現這件事，但幸好，在他腦海裡，他的曾祖父亞伯拉罕是個很好的榜樣。亞伯拉罕發現，「信仰」與我們平常相信什麼無關，而是認知到一件事：我們不可能知道的事物，比我們所知的所有事物，更有智慧。

這種認知是困難的，因為它摧毀了我們自以為能掌控自己生命的幻想，讓我們得以留在實相（reality）之中：在不可能改變的過去與純粹的可能性之間，這是我們從來不能想像的。但對於一個可以看透複雜心靈表面的人來說，這種介於過去與未來之間、轉瞬即逝、無窮渺小的空間，仍然是可以安身之處，此間變成了家。一個人處在這種空間脈絡下，全世界都變得清晰無比。

有幾件事約瑟切確地知道。他先前便確定即將到來的饑荒，以及對應饑荒時所能採取的措施，雖然一開始細節仍舊模糊不清，他必須在親身接觸的過程中逐漸聚焦、

邊做邊學，但他從來沒有躊躇、動搖過，他知道自己能夠管理埃及全地。此外，他也確定一件事，從他注視亞西納雙眸的那一刻起，她就是他此生摯愛。

這些領悟都是立即、鮮明、不言而喻的。儘管如此，他還是把事情一件一件以滴水不露的方式嚴格審視。他想要確定自己所確定之事，測試這是出於自我的便利，還是為了掩飾傲慢無能的表象。他是個心靈的科學家，嚴格遵守物理學家理查·費曼（Richard Feynman）所稱的科學第一原則：「你絕對不能欺騙你自己——你是最容易騙的人。」[8]

這種認知的經驗十分罕見，卻無庸置疑。當他不知所措、不知道是否應該在家人面前揭曉自己的身分時，他尊重心靈的回應。即使處在未知的狀態，他也感覺輕鬆自在，不論這個狀態會持續七分鐘或是七年，

在此同時，對於任何根據個人慾望而非現實所做出的躁進之舉，他保持警覺。任何不成熟、一知半解的瞭解都會導向死亡，就像是吃下了伊甸園裡那棵立在智慧樹旁、美麗而誘人的分別善惡樹的果實。[9]

當他需要知道的時候，他就會知道該怎麼對待他的兄弟們，而不是提前知道。神的天命並非從天堂降下指示，或是從外界強加於現實之上。天命就是現實的實相。

所有一切發生的事情，神的天命都巧妙地編織其中。這就是約瑟無論在何時發生了何事，都能全心信任的原因。

8 出自理查．費曼於一九七四年在加州理工學院（California Institute of Technology）畢業典禮上的致詞。

9 提比哩亞的耶戶達之子革順拉比（Rabbi Gershon ben Yehuda of Tiberias）說：「兩棵樹的果實有著截然不同的效果：知與不知。知，即覺知之死；不知，即永生。如聖經所述：『因為多有智慧，就多有愁煩；加增知識的，就加增憂傷。』以及『他與持守他的作生命樹；持定他的，俱各有福。』」（傳道書 1 章 18 節，箴言 3 章 18 節）

饑荒

在豐饒富足的七年之間，大地盛產穀物，產量之多，連年紀最長的曾祖輩都沒見過。約瑟走遍埃及各地，收集所有富餘的穀糧，運進城裡，在每座城市裡儲藏該地出產的穀糧。

他瞭解物質的祝福總是短暫一瞬，需要明智的經濟政策加以補全，而這樣的政策只能由中央政府來主導執行。這樣看來，政府也是神的一種祝福。少了政府，階級不平等的程度會加深，窮人會凋零。因此，他收集了大量的糧食。他底下有些官員心懷敬畏地說，這些糧食數量之多無法測量，有如海裡的沙。

在荒年到來之前，亞西納與他孕育了兩個兒子。他們分別進行命名的工作：亞西納替兒子取埃及名，而約瑟負責他們的希伯來名字。亞西納選擇了已在她家族流傳上百年的名字，兩個都是根據古代神廟短語的變化，也都表達了對太陽神拉的感謝：「光輝四射」（the All-Radiant）與「慈悲為懷」（the All-Compassionate）。

至於約瑟，他將長子取名為瑪拿西（默納協，意為「使之遺忘」），表示「神使我忘記所有的苦難和鄉愁」，將次子取名為以法蓮（厄弗辣因，意為「使之繁盛」），表示「神使我在困苦之地繁盛起來」。瑪拿西與他受人尊敬喜愛的母親非常相似，以法蓮在許多方面都像是年輕版的約瑟本人。他深愛他們兩人，公平均等地愛護他們。

然後七個豐年結束了，七個荒年開始了，一如他所預言。沒有下雨，穀物歉收。有些王宮裡的貴族私下對〈日之禮讚〉進行各種嘲諷：「您出現在天際，不吉利的太陽，製造死亡。」他們語帶戲謔，如此低聲吟唱。

當人們吶喊急需食物之際，法老頒布了一項簡短的詔令：

告爾臣民、黑色之地諸民：

時遇荒年，請就宰相撒發那特．巴內亞，他執掌分發穀糧之事，一如他執掌國內諸般事務。他將使民眾飽腹。

約瑟命他的代理人打開倉庫，將存糧賣給埃及人。他沒有訂定單一售價，對貴族及富裕的地主，他以基本價格的四倍價錢出售，六個月之後，他將價格再加一倍。憤

怒不平的聲音隨之出現，但法老明白表示，違抗約瑟就等於違抗他。況且，富人別無選擇，儘管他們之前就知道約瑟努力在做的事，但他們沒意識到自己也應該儲存穀糧以備不時之需，他們就像揮霍成性的蚱蜢，兩手空空去找有先見之明的螞蟻約瑟。

對於中產階級，約瑟將價格維持在合理的區段——有點負擔，但不會超過他們所能負擔。對於窮人，他免費贈送穀糧給他們。所有認為政策不公平的聲音，都來自豪門貴族與富裕人家，他們關起門來抱怨。

之後，饑荒加劇，不只埃及如此，所有鄰近國家皆面臨相同處境。有辦法的人，派出使節去找約瑟；沒有辦法的人，只有死路一條。

第五部

約瑟揭露身分

Joseph Reveals Himself

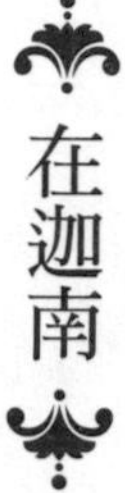

在迦南

自從約瑟離開他在迦南的家，已經過了多少年？

我們來算算看吧。當時他年方十七，接著替波提乏效力了十一年，後來坐牢兩年，然後他被拔擢為宰相，合起來是十三年，加上七年豐年，嗯，再加上一年荒年吧，因此總共是二十一年。

在這二十一年間，雅各偶爾從悲傷中解脫，但為期不長。當他的兒子們紛紛娶妻生子（十一個兒子總共有二十五位妻子，到目前為止，總共有四十九個孫子和三十七個孫女），他也能為他們慶祝，但對他而言，興盛發達的彷彿是別人的家庭。他的快樂似乎都發生在別人身上，他表現出的些許微溫，就已經是最溫暖的時候了。即便是在兒子的婚禮中，他也忍不住想著約瑟，好奇哪種女人適合他，或是想像他生的孩子長得有多像他。

在約瑟失蹤之後，雅各耗費多年光陰，才從他墜入的絕望幽谷中慢慢重返生活。

對他來說，最好的時光是他能重新找回些許平衡、他自己一個人照顧一隻牲口的時候。他進入這些動物的平和節奏，他的心會慢下來，這樣他才感覺自己是動物當中的一分子，沒有過去也沒有未來，躺在綠色草地上，站在靜止的水源旁，走過死亡暗影的幽谷，對他來說就是整個世界，不畏懼邪惡，因為牠們的心無法投射未來。然後，突然震動一下，他又變回人類，他想起約瑟（或甚至是拉結）面帶笑容歡迎他、擁抱他。當他回到家裡，在心裡拿過去與現在相比，這個舉動總是能粉碎他的寧靜。

饑荒並未加深他的憂愁——沒有什麼事會使他更煩憂，他的憂愁已經太深，無法再繼續加深。其實，饑荒反而使他清醒過來，因為他必須採取措施去確保他家人能存活無虞。

情勢看來很嚴峻。湖和溪流漸漸乾涸。那年冬天沒有下雨，前一年也沒有下雨，灼熱烈陽一天又一天照射焦枯的田野。動物骨瘦如柴，你可以看到牠們的肋骨已經凸出來。人類也是形容枯槁。孩子們因為飢餓而哭泣，人們驚懼顫抖。在夜裡，雅各躺在床上，因為焦慮而醒來，無助地試圖找尋解決之道。偶爾，他聽見從女人帳篷裡傳出來的哭聲，感到內疚不已，彷彿他打破了某種對神的神聖諾言。

有一天，他聽說在埃及可以取得穀糧，那裡的穀糧多得可以賣給外國人。所以他對兒子們說：「去埃及。動作快。聽說埃及有糧，你們去那裡買些回來吧，免得我們都餓死。」

於是，約瑟的十個哥哥出發前往埃及，去購買穀糧（對外國人的分配比例是按人頭計算，所以越多人去越好），只有最小的弟弟便雅憫留在迦南。雅各擔心如果他也去了，恐怕會遭到災難。便雅憫現在已經三十二歲，有三個妻子、十個兒子，但雅各還是常常把他當小孩對待。

約瑟失蹤後的幾個月，雅各緊緊抓著便雅憫，有如沉船的水手死抓著船槳不放。他受不了讓便雅憫離開自己的視線範圍。每次這男孩生病或是幫人跑腿而晚回家，他就心煩意亂。想到他可能失去唯一摯愛拉結留在這世上的最後一部分，他就心如刀割，令他在半夜驚醒。便雅憫被禁止去任何需要他離家過夜的地方。

年輕人對這種出於恐懼的關心感到厭煩，他一度憎恨他的父親，甚至對他的母親和約瑟生氣，氣他們已經死了，把他留在世上當作可憐的替代品。但他還是每天早晚出現在雅各面前，去接受他的祝福、在前額上親吻。他看到的不是暴君，而是一個拼命絕望愛他的受驚老人。

十兄弟前往埃及

在饑荒剛發生的初期，約瑟指派能夠說當地語言（耶布斯、基尼、革迦撒（基爾加士）等地）的傳譯官，駐守在埃及與迦南的邊界。其中一人通曉流利的希伯來語，他被託付了特殊任務：只要有任何說希伯來語的旅人抵達，就要立刻通知約瑟，並直接將那些人帶往他的府邸。

十兄弟帶著三十頭驢子，花了七天的時間抵達埃及。他們在邊界找到一座難民營：上千座帳篷，飢腸轆轆的孩子們眼神呆滯，老人絕望癱軟。埃及看起來就跟迦南一樣貧瘠。乾旱的田野上沒有任何東西生長。烈陽高照，沒有一片雲彩。

但至少埃及人沒有餓肚子。他們看起來很健康，十兄弟沒看到埃及的窮人裡有任何皮包骨的行屍走肉。這裡的人似乎照舊過日子，平素該做什麼就做什麼。

奉命帶領十兄弟去挪（挪弗，即現今的孟非斯）的護衛們心情不錯，其中一人還吹口哨，哼著快樂曲調。

在好幾世紀以前，埃及政府所在地及王室宮殿已經從孟非斯搬遷到諾（諾阿孟，即現今的底比斯）。但在當時，被稱為「安卡陶伊」（Ankh-Tawy，意為「兩片土地上的生命」）的挪，仍舊是埃及最重要的商業重鎮，位在尼羅河三角洲河口。這裡顯然就是約瑟的宰相府邸所在地。

在他們前去的路上，十兄弟經過城裡最大的建築，是普塔（Ptah）的古代神廟，普塔是真理之神、正義主宰，是「有張美麗臉龐的天神」，也是以思想創造世界的造物主。他們以前從未見過此等宏偉壯麗的景象。

平靜之心

約瑟來到靈性上的成熟狀態。那些帶有壓力的情感，像是憤怒、悲傷和失望，已經不再出現——或者應該說，出現的次數極為稀少，他能計算出現的時間前後相隔了多少年（亞西納不說那是出現，她稱其為「發作」）。

他的平靜狀態極端穩定，時時刻刻都能仰賴自己的平靜之心。這種內在平衡不受愉悅或痛苦、獲得或失去、讚美或責備所影響。他與這些事疏離開來，因為這些事不再能擾亂他的心，但這種疏離並不是隔離，而是自由[1]。這使他能夠深刻與人連結，無論他們處於逆境或順境。沒有人見過冷漠的約瑟。

有時，平靜被視為一個人處於枯燥乏味或冷若冰霜的狀態，缺乏感知能力。事實並非如此。約瑟的內在生命充滿熱烈的情感：對家人的深愛、對美學的強烈興趣、與

1 出自華特．惠特曼（Walt Whitman）詩作〈自我之歌〉（Song of Myself），收錄在《詩與文》（*Poetry and Prose*）一書，由美國圖書館（The Library of America）於一九八二年在紐約出版，頁30。

敏捷機智的亞西納一起腦力激盪或與之鬥智的喜悅、對法老與約瑟的新國家全心全意的奉獻、以自身智慧征服各種挑戰的快感、順利完成艱困工作的成就感，以及在一天之中，感激世界對他的慷慨大方。

即便是當他心裡湧現某種情感，讓他的心跳變得更快——當他與亞西納同寢，或是在每一個兒子出生之際，他坐在她身邊照料她，內心為她的痛苦滿懷憐愛之情——在所有翻騰的情感之下，他也一直與那深不可測的平靜保持聯繫。

在饑荒時期，儘管他經常接到人們飽受磨難的各種報告，他也從不質疑那創造了所有一切的浩瀚智慧的美意。在許多年前，當他還在井底的時候，他曾經深深質疑過——充滿懷疑，有如一把熊熊火焰。而如今，他的信任成為他的第二天性，和呼吸一樣自然。

此時他還不曉得，他十個哥哥的到來，即將在他心裡激發出強而有力的情感：欣喜、愛、滿足、憐憫，並且留下純粹因為共鳴而毫不哀傷的淚水。但是，在所有這些情感中，他仍舊繼續扮演著觀察、傾聽的角色——平靜而饒富興味，既是參與其中也是置身於外，觀看並加以思索。

向約瑟下拜

約瑟和亞西納正在他們的私人餐室享用午餐。只有他們兩個人，以及分別是五歲和三歲的瑪拿西和以法蓮，他們行為端正乖巧，就像今日的年輕紳士。

兩名奶媽隨侍在側，還有一位男僕負責上菜。菜色很簡單，煙燻鵝肉佐以莓果醬和炒蔬菜，適量沙拉及水果。蔬菜及水果均來自約瑟的私人溫室，在饑荒時期，他的溫室受到特別精細的照料。甜點的部分是檸檬舒芙蕾（順道一提：巧克力及香草要再經過三千年後，才會出現在東半球）。

當他們用膳完畢，司酒長走進來，向約瑟鞠躬敬禮。「宰相大人，」他說：「邊界傳來消息。有十個說希伯來語的野蠻人到達，希望能購買穀糧。他們今天就會來到這裡。」

約瑟站起來，他與亞西納交換眼神，然後很快就跟著司酒長走出廳房。

「吩咐希伯來語的傳譯官到大堂見我，從現在算起一個鐘頭後。」他說。

司酒長行禮並匆匆離開，心裡有些納悶。宰相自己的母語不就是希伯來語？

前往大堂的路上，約瑟的心跳比他得知消息時還快，他感覺臉頰發燙。那幾個人很有可能是他的兄弟。他們終於來了嗎？為什麼是十個人而不是十一個人？便雅憫沒有跟他們在一起？他死了嗎？還是有另一人死了？但這一定是他們。這一定是這場終局的開始。

「敬愛的神，」他祈禱道：「倘若是祢的旨意……」他說不下去。他也不必說下去。兩個半鐘頭後，十兄弟被領著進入大堂，他們在約瑟面前齊齊下跪。約瑟立刻認出流便：一樣塊頭高大、身形粗壯，臉也沒變，當然現在是比較老了，頭髮和鬍鬚也都變得花白。然後，他認出了所有人。

「你們是從哪裡來的？」他以埃及語問道。他的口氣嚴厲，傳譯官以希伯來語模仿他的嚴厲口吻。

「大人，」猶大說，他們伏拜在大理石地板上，不敢抬起頭來。「我們是從迦南來買糧的。」

約瑟想起從前所做的那兩個夢。他曾多次想起那兩個夢，而現在，他的哥哥們在他面前伏地下拜。回憶如此鮮明，他彷彿感覺到現實與那兩個夢重疊在一起，或是反過來；麥捆與星辰都向他下拜了，一如他哥哥們此刻的模樣。面對此情此景，他的心深深受到觸動。

那是一種事情成真的感覺，而非成功的證明。這一切沒有摻雜任何私人因素。現在，他坐在宰相的寶座上，在難以想像的豪華宮廷裡，四周簇擁著上百位高官顯要、一般朝臣、持扇人、傳令官，他們全都立正站好，隨時等待去執行他的命令。

他能來到這裡，並非因為自己的企圖和努力。這齣關於罪行與救贖、死亡與重生的戲劇，是透過他來演出，他就是這齣戲的演員，他所有的磨難與成功早已在兩個夢裡醞釀成形。時間在此刻崩塌。那個傲慢、純真的十七歲少年，在一瞬之間，重新以這副三十八歲男人的身體出現；那件彩色外袍變成白色亞麻官袍；當年精力充沛的年輕牧羊人搖身一變，成為略帶憔悴的中年人——經過風吹日曬的皮膚，灰白的鬍鬚，眼睛因為各種磨難與剝奪而不復明亮。

接下來呢？他必須要求他的哥哥們把便雅憫和父親帶來這裡與他見面。他不知道他要怎麼做。他有太多沒有答案的問題。他的哥哥們對於自己從前的所作所為感到抱歉嗎？他是否注定要在他們的悔改中扮演一個角色？

只有一件事很清楚：還不到他揭露自己身分的時候。

更多嚴詞與試探

約瑟一給他們允許，十兄弟便立刻從地上站起。他們距離寶座有二十英呎之遙，那裡兩側都站著護衛。約瑟掃視他們的臉龐，以右手托著下巴。

他們看起來很疲累。他想要快點結束這場戲，但還有太多不確定的地方。雅各還活著嗎？便雅憫呢？他們傷害了那個男孩嗎？還有，他們是否還記得自己的罪行？

他不能這麼簡單把穀糧賣給他們，放他們走。他需要等待，直到他對事情有更清楚的瞭解。嚴詞厲色不會造成真正的傷害，會引起他們心裡痛苦，但這是必要的過場，這樣能為他爭取時間。他很清楚要如何展現苛刻嚴厲的行事作風，因為他總是要對付頑固的有錢人，他的角色扮演得越來越好，功力爐火純青。

他注視那一張張受驚的臉孔，他得密切留意自己的思緒，才不會為了哥哥們的憂愁突然痛哭，或是因為他們終於來了而突然大笑。好吧。他現在不是約瑟，他是撒發那特．巴內亞——全埃及宰相、王室璽印持有者、法老之父與摯友、糧倉監督者、王室傳令首席、兩地主宰之右手。他皺起眉頭，在椅子上把身子往前傾，伸出手指。

「你們是奸細！」他高聲喊道：「你們是來偵察我國虛實的！」

「不，不——不，大人，」利未結巴地說（傳譯官也跟著結巴）。「我——我們不是奸細，只是單純的牧羊人。我們是來買糧的。大人，我們是誠實的人。我們不是奸細。」

「你說謊！你們就是來偵察我國虛實的！」

「大人，大人，」猶大說：「我們本來有十二個兄弟，是同一個父親生的，他住在迦南。有一個弟弟已經死了，最小的弟弟跟我們的父親在一起。」

「肅靜！」約瑟吼道。「我剛才說過了，你們的確是奸細。我要試一試你們誠實不誠實。除非你們把最小的弟弟帶到這裡來，證明你們說的是實話，否則我絕不准你們離開。你們派一個人去帶他來，其餘的人監禁在這裡，直到你們證實你們的話。不然，我指著法老的性命發誓，你們都會被當作奸細處決。」[2]

護衛將他們團團圍住，快步將他們移送到牢房裡。

---

2 夏瑣的托塔之子悠錫拉比（Rabbi Yossi ben Torta of Hazor）說：「將他們監禁起來才對他們是公平的。如聖經所述：『背負流人血之罪的，必往坑裡奔跑，誰也不可攔阻他。』」（箴言28章17節）參弗長老約哈楠拉比（Rabbi Yochanan the Elder of Sampho）說：「約瑟要他們好好沉思自己的罪過，如聖經所述：『因為耶和華聽了窮乏人，不藐視被囚的人。』」（詩篇69篇33節）

人質

約瑟確保他們在監獄裡住得舒服，但他把他們每個人分開，關在不同牢房裡。這不是懲罰，而是反思的機會。假如他們每一個人都要面對迫在眉睫的死亡威脅，他們就可能被迫去檢視自己的良心。約瑟不是試圖懲罰他們。他們的恐懼並不能帶給他任何樂趣。他只是盡一己之力，去瞭解神放在他面前的狀況。

在接下來三天，他與亞西納討論，整個情況在他心裡愈發清晰。他明白，他要扣留他們十個人的說法太過倉促，理由無法令人信服，這個消息對他的父親而言也難以承受，況且，家人急需食物，他想盡可能多送點糧食、讓他們盡快回去。

他只要扣留一個人就夠了。扣留西緬或利未好了，最會惹事生非的非他們莫屬。就留下西緬吧。

在牢房裡

「我已經發現，」哲學家帕斯卡寫道：「所有人類的痛苦憂愁來自一項事實，就是我們無法獨自輕鬆坐在房間裡。」[3]這項見解可能比你最初想像的更加激進。

單獨監禁對十兄弟來說相當痛苦。他們在狹窄的牢房裡來回踱步，裡面只擺了一張簡單小床、一個水壺、一個用來裝犯人排泄物的盆子。所有人都恐懼得快要發瘋，不只為了自己的性命，也擔心他們飢腸轆轆的家人的性命。他們的任務怎麼會走偏得如此離譜？他們到底做了什麼事，令宰相大人反目相對？他們現在全都要死了嗎？

「我們令父親失望了。」流便心想。最讓他難受的，是這場失敗所帶來的恥辱。他意識到，這件事在冥冥中有一種充滿諷刺的正義。「當初我們賣掉約瑟，我們不在乎父親的感受。現在我在乎了，這份在乎就是我最大的哀痛。」

---

3 出自帕斯卡（Blaise Pascal）所著《思想錄》（*Pensées*）編號139。

宰相大人的模樣既威嚴又有些奇怪，在他顯赫的威儀之下，卻有某種熟悉感。他們每個人都感到茫然。彷彿一切事物失去了名字，沒有一樣東西是他們認得的。從前的回憶漂到意識的表面；過去的罪惡感，那份來自過去的沉重罪惡感；約瑟遍體鱗傷被扔進井裡的景象；約瑟向他們哀求的聲音；他們的父親因為痛失愛子，無法接受任何安慰而不停啜泣的聲音。

他們感覺自己在困惑與混亂的迷宮裡遊蕩。每一個人都試圖找到出路，每一個人都失敗了。

喜悅之淚

到了第三天，約瑟將十兄弟從牢房裡召喚過來。四名手持長矛的護衛將他們押送至大堂，約瑟坐在最裡面的寶座上。他向護衛揮手示意，他們將十兄弟推到他面前，然後退後兩步，站立不動。

流便和猶大似乎是唯一還能控制自己情緒的人，其他人則是一臉驚恐。幾個年紀較小的渾身發抖。

約瑟傾身向前，他緩緩地掃視他們每一個人的臉，然後開口說道：「照我的命令去做，你們的性命就會得到饒恕。我是一個公平的人。我只是要測試你們是否對我誠實。你們其中一人要留在這裡的監獄當人質，其餘的人將糧食帶回去給家人。但是，你們必須將你們最小的弟弟帶來見我，以證明你們說的話句句屬實。只要做這件事，我就讓你們所有人都活著。」

十兄弟轉頭彼此互看，如釋重負又驚惶不已。猶大說：「這一定是懲罰我們對弟

弟約瑟的所作所為。我們將他扔進井裡，看著他痛苦不堪。他向我們哀求，我們卻不加理會。所以這血債現在來向我們追討了。」其他的兄弟全都喃喃表示同意（他們不知道約瑟聽得懂他們所說的話）。

聽了猶大的話，約瑟覺得淚意上湧，喉嚨一陣哽咽。他立刻站起來，離開寶座，穿過房門，進到他的書房。他已經二十二年沒有哭過了，這時間幾乎跟他沒再聽到希伯來語一樣長。此刻，他來到書桌邊，淚水從他雙頰汩汩流下。他沒有嘗試止住淚水。他的內心滿是感激。所以他們的確記得。他們的確懊悔。

他坐在桌前，啜泣了整整五分鐘，頭靠在交疊的手臂上。然後他站起來，走到水盆旁，洗了一把臉並且擦乾，接著走向房門。他現在知道要怎麼做了。

不受歡迎的驚喜

當約瑟能夠再次面對他們，他伸手指向西緬。一名護衛急忙過來，將西緬的雙手雙腿銬上鐵鍊。鐵鍊以沉悶的噹啷聲回應了這項命令。

然後，約瑟吩咐他的管家，把他們的袋子裝滿穀糧，給他們路上用的食物，把他們購買糧食的銀子歸還到他們各自的袋子裡，讓他們啟程上路。

把銀錢歸還給他們，是他在最後才想到的小驚喜，來自天外飛來的一個靈感。儘管他直到九個哥哥離開後才明白為何要這麼做，但這就是他當下該做的正確之事。

他送了一個訊息給他的父親。他現在還不能揭露自己的身分，也想不到辦法催促雅各送便雅憫過來（老人會激烈地反抗這件事）。但是他能安排某種神祕不可解的訊息，傳遞給他的父親說：「停止反抗。思考一下。」

有時，神祕不可解之事是神做工的印記，約瑟不只擁有法老的簽名印璽，他也能奉神之名批准事情發生。雅各是否能認得約瑟的訊息，約瑟無從知道。或許便雅憫的

恐懼會摀住他父親的耳朵、蒙蔽他的雙眼。但約瑟必須放手一試。

他命令自己的管家將九袋銀錢放進袋子底部，把一袋銀錢放在上面。此舉有雙重目的：替他的哥哥們在這件事上簽名，等他們到家之後，甚至大筆一揮，也替他的父親簽名。[4]

九兄弟將穀糧堆在驢子身上，離開了埃及。經過一天長途跋涉，他們停下來，在一座村莊外面休息。那裡是去地中海的路上，他們在那裡用餐，因為急著返家，於是決定只睡幾個鐘頭。

他們躺下來準備就寢。以薩迦打開自己的袋子，要拿飼料去餵他的驢子，難以置信的是，他一打開袋子，看到上頭是他的一袋銀子。

「噢，我的天！」他大喊：「錢！他們把錢還給我了，就在我的袋子裡！」

他們面面相覷。每個人心裡都想著：「神為什麼這樣對待我們呢？」

---

4 塞法里斯的米納漢姆之子薛拉拉比（Rabbi Shela bar Menahem of Sepphoris）說：「他在每個哥哥心裡挑起神所指派的意思。正如聖經所述：『他手拿銀囊，必到月望才回家。』」（箴言 7 章 20 節）五金商人塔封拉比（Rabbi Tarfon the Ironmonger）說：「這是要讓他們知道仁慈無法以金錢購得。正如聖經所述：『你們是無價被賣的，也必無銀被贖。』」（以賽亞書 52 章 3 節）

雅各的回答

就這樣，九兄弟啟程返家，他們的三十頭驢子馱滿了一袋袋穀糧。

他們一進到父親的帳篷裡，便將事情經過一五一十告訴他，然後等待他必須做出的回覆。驢子全在外頭等著，呼吸熱氣撲鼻，帶著刺鼻的味道。

雅各幾乎沒在聽他們說話。他們所說的話一點道理都沒有，他不想從中找出什麼道理。他唯一聽到的訊息就是失去。

至少他的家人目前暫時不會挨餓。但是他們怎麼能要求他讓便雅憫走？難道他們想要像一群野狗，用牙齒撕開他的肉？就讓西緬留在埃及慢慢腐朽吧。就讓他們所有人全都去埃及或是下地獄去吧。便雅憫要留在這裡。

「就帶他走吧！」

然而，饑荒持續加劇。沒有下雨。熾烈陽光日日照射大地，仁慈的雲朵也無法平緩烈陽的毒辣。動物變得越來越虛弱，其中有些因而死亡。四名奴僕也死了，其他人都病懨懨地，無法執行分內工作。

過了三個月，從埃及帶回的穀糧已經吃得差不多了，雅各將兒子們叫到他的帳篷裡。那是十月一個炎熱的早晨，原本應該是秋天豐收的時節。利亞來到帳篷，辟拉和悉帕也來了，她們全都一副驚惶失措的樣子。

所有人在雅各面前或坐或跪。等每個人都坐定之後，雅各站起來說話。「不能再這樣下去了，」他嚴肅地說：「饑荒只會越來越嚴重。孩子們日益消瘦。你們得到埃及去一趟，為我們大家買更多糧食回來，還有把西緬也帶回來。」

猶大站起來，向他鞠躬。「父親，」他說：「您說的話我們全都聽到了，也完全同意。但是，宰相大人警告過我們，我們不可以自己回去——難道您不記得了嗎？他說過，除非我們下次把便雅憫一起帶去，否則我們會被處死。所以我們怎麼能不帶他一起去？拜託，父親，把便雅憫交給我吧。我保證會將他帶回來給您。我若不能把他平平安安地帶回來，我願意終生擔受罪責。還有，父親，我們應該要立刻動身出發，大家才不會餓死。」

與塔瑪的那次經驗，使猶大意識到自己的弱點。他差點就要處決一名無辜的女人，因此他再也無法對自認正確的事有完全信心。公正與正義，這兩種立場遠比他意識到的更加危險，在他下次能問心無愧地採取行動前，必須先經過各方考驗才行。他覺得，在他決定燒死塔瑪的那一刻，他就已經失去了自己的所有。所以他志願當小弟的擔保人，這事對他來說不難，他願意為他犧牲一切。

便雅憫沒說話。他沒有立場開口。在他年紀還很小的時候，他活在約瑟耀眼才華的陰影下。在約瑟失蹤後，他必須忍受父親特別偏愛的負擔，而事實上雅各的心態一直處於絕望的模式。

這麼多年來——從他十一歲起——他得扮演雅各的救生索的角色，感覺像是他身分的一部分。即便他現在已經是十個兒子的父親，當他偶爾為此感到厭煩，他仍舊瞭解為何父親把他當小男孩對待。老人需要有人可以依靠，他畢竟是受寵愛的拉結所生

的兒子，雖然與哥哥約瑟相較，他顯得靜默無聲。雅各有時叫他到他帳篷去，深情渴望地凝視他，使得便雅憫也跟著熱淚盈眶。他怎能不對老人感到無盡的同情？而相形之下，他自己的處境又怎會不顯得微不足道？

雅各思考了一天一夜，因為無比焦慮而食不下嚥，也無法成眠。所有孫子都被警告不可靠近他的帳篷，假如他們非靠近不可，看在神的份上，一定要保持安靜。

利亞在下午過去看他，帶了麵包、燉羊肉和酒，但當她想要餵他吃點東西，他把她的手推開。她陪著他兩個鐘頭，而他坐著，雙手抱頭，盯著地上看。

隔天早上，他再度將兒子們和女人們喚到他的帳篷。他的聲音帶著哽咽，他望向猶大，說道：「如果你非帶他去不可，就帶他走吧！」

淚水從他臉上汩汩流下。他得等上幾分鐘，才能再度開口說話。「帶他跟你們一起走吧！回到埃及。但願全能的神使你們在那人面前蒙受憐憫，釋放便雅憫回來，回到我身邊。」

禮物

別無選擇。雅各內心糾結，花了一天一夜的時間思考要送走便雅憫的必要性。這次神擊敗了他。

儘管如此，他們還是得採取預防措施。他們會帶禮物，而且必須是昂貴豪奢的禮物，因為這是去拜見宰相大人的必要禮儀。

雅各的財富大多是牲口，但就算綿羊或山羊處在很健康的狀態，也很難一路驅趕牠們到埃及去；所幸，即使整個區域最受歡迎的農產品現在產量銳減，他仍有一些庫存。迦南這一帶，最出名的就是杏仁、榧子、香料、沒藥，以及蜂蜜（這種濃稠的糖漿不是由蜜蜂製造，而是從棗子和葡萄提煉而成），專供埃及和美索不達米亞的富裕人家享用。

還有銀錢——他們得歸還那些回到他們身上的銀錢。他們還錢之前，還得提出適當的理由和卑下的道歉。宰相大人不曉得神的神祕作為，他可能認為……但誰曉得他

可能會怎麼想？他們必須採取謙卑、甚至可說是羞辱的立場。

雅各知道什麼是自謙與自卑。他卑躬屈膝，在他哥哥以掃面前像個乞丐。在雅各逃離家裡之後的二十年間，以掃成為有錢有勢的族長。雅各害怕以掃仍因當年自己偷走父親祝福的事而對他心懷怨恨，他曾經吃過以掃腳下的灰塵，對於自己卑微的生命得到寬恕而高喊感激之情。

那是他從前祈求而得到的憐憫。如今再一次，他祈求在這位強勢統治者的偽裝之下，神會讓他們大家都活下來。或許。

管家

於是，十兄弟帶著禮物和雙倍的銀錢，出發上路。所有人都焦慮至極，但便雅憫的焦慮揉合了一種離開家裡、這輩子初次看到新天地的興奮之情。

當他們抵達埃及邊界，再次由一位說希伯來語的傳譯官帶領，他從他們第一次來訪就認得這群外邦人。流便解釋說他們吃完了所有穀糧，想再回來購買更多糧食。

「我們是一般的顧客。」利未補充，臉上硬擠出笑容。

四名護衛護送他們前往約瑟的府邸。他們花了半天的時間抵達，然後被轉交給約瑟的管家。

「先生，很抱歉，」猶大對他說：「我們先前來過這裡，買過一次穀糧，就在幾個月前。我們返家之後，每個人都在各自的袋子裡發現錢。所以我們這次把錢帶回來，也帶了更多錢要再來買穀糧。我們不知道錢是怎麼進到我們袋子裡的。」

管家說：「別擔心，一切都是既定之事。你們上次過來的時候，我的確有收到你們的錢。一定是你們的神，你們父親的神，將錢藏在你們的袋子裡。」

管家也參與了那次的事——事實上，就是他把錢放進他們的袋子裡。他多次聽到約瑟提到他那位沒有名字的神的事蹟，因此他的回答並非即興創造，也不僅是模擬他主人可能會說的話而已，以他的瞭解，這是事實。他主人的神透過人類採取行動，與太陽神照耀大地上一切萬物的方式如出一轍；不論從外面或是裡面，原則都是一樣的。

這幾個頭髮亂七八糟的外邦人看起來非常野蠻——儘管他從更近距離看，可以看到他們與他主人的相似之處，尤其是年紀最小的那一個。他們相信自己身處於危險之中。當他告訴他們他有收到錢時，他從他們的表情看出他們鬆了一口氣。

現在進行到了插曲。他的主人在細節處理上一向有精妙之處。一切都準備就緒：毛巾和水盆、給動物的飼料、在用餐大廳準備了豪華筵席。值此饑荒時節，筵席極為罕見，即便是法老，也只在最重要的國家場合中才會舉辦。這場宴席之豪華，將會是這些野蠻人想都想不到的程度。或許那也是他主人的重點。

他等不及要看接下來會發生什麼事了。

便雅憫

管家領著十兄弟到大堂，告訴他們會在此處與宰相大人共進午餐。

便雅憫環顧四周。他幾乎不敢相信自己的眼睛。大堂裡有成排色彩繽紛的巨大石柱，牆壁和天花板也以絢麗的顏色裝飾：畫滿了鳥、獸、古代法老及其皇后，幾何圖形以藍、綠、紅、黃四色繪製，以及有鷹、獅或鱷魚為首的天神。在大堂的另一頭，擺有一張金色寶座，左右兩邊分別有兩隻金色胡狼專心趴臥，腳掌前伸，碩大的尖耳張開，宛如被風吹拂的船帆。數十名手持長矛的護衛沿著牆壁站立，腰部以上赤裸，上臂戴著寬銅環。

然後，西緬被帶了進來。利未跑上前去擁抱他，其他幾個兄弟也靠過去，聚集在他身邊。

西緬告訴他們，在他三個月前被帶走時，才不過幾分鐘，他們就將他上銬的鎖鏈取下，送到這座宮殿裡另一間舒適的房間。雖然他受到嚴密監控和監禁，活動範圍僅

限他的房間以及小庭園，他們還是對他相當不錯，正常供應伙食，也准許他可以休閒和運動。他們還提供他許多書籍，但他當然不會讀。不過，獨處很痛苦，他十分想念他的家人，思念之情難以言喻。

過了半小時，約瑟到來。他們呈上禮物，並且在他面前伏地下拜。

「你們的父親可好？」約瑟說：「他還在嗎？他身體健康嗎？」

「是的，大人，他仍健在，身體健康。」

約瑟看向便雅憫，他母親所生的兒子，說道：「這位一定就是你們年紀最小的弟弟了。」他對便雅憫說：「孩子啊，願神賜福給你。」

約瑟知道，這個人一定就是便雅憫。儘管如此，約瑟仍舊感到吃驚。他盯著他看，試圖將面前這張三十二歲的臉龐，與他記憶中弟弟的臉孔相吻合。當年有著紅潤雙頰的十一歲男孩非常崇拜他，到處跟著他跑來跑去；如今，焦慮及欠缺糧食使得男孩消瘦、目光黯淡，但當約瑟繼續注視他，兩個內心的畫面——過去和現在——逐漸靠近，然後合而為一。

他再次感到一股情緒湧上來：愛與憐憫，以及這趟旅程終能走到這裡的感激之情。這段旅程的終點與起點相連，宛如儀式上的蛇咬住自己的尾巴。

這股情緒來得太過強烈，難以遏制。他急忙離開大堂。在他回到自己的書房前，他得用盡所有意志力才不致淚灑當場。

盛宴

內心的情緒宣洩完之後，約瑟洗了臉，重新整頓好自己，走出房門外。

他要司酒長帶所有人去宴會大廳，那是一間裝潢得美輪美奐、富麗堂皇而寬敞的廳房。在那裡，有幾十位埃及貴族和達官貴人也要加入這場宴席，他們都是為了在約瑟面前露個臉而臨時受邀參加。放眼望去，兩張氣派的長桌上鋪展著精美的亞麻桌布，各式水晶裝飾與銀器擺設其上。

所有埃及人就座之後，約瑟吩咐司酒長按照年齡分配他幾個兄弟的座位，年紀最大的坐在第一個位子，最小的坐在最後一個位子。

在他分配座位的同時，西緬默默地戳了利未一下，迦得和亞設互換困惑的眼神。流便靠到猶大身邊，對他悄聲地說，宰相大人一定有某種超自然的洞察力，他看得出流便年紀最大、利未比西布倫大是一回事，但他怎麼知道西緬比利未大（他們兩人看起來像雙胞胎）、猶大比但大（但只小他四個月）或是拿弗他利比迦得大、亞設比以薩迦大？然而宰相大人的指派毫不遲疑，也沒搞錯任何一個。某種神祕不可解之事再次發生了。

男僕們先服侍坐在寶座上的約瑟，因為他的尊貴地位而獨自進食。然後他們分成兩邊，分別服務十一個兄弟們和埃及貴賓，因為埃及人不可和希伯來人一同吃飯（埃及人認為希伯來人是不潔淨的，和他們一起吃飯被埃及的祭司稱為「令人憎惡之事」。對埃及人而言，其他國家的人都不太算是人類，雖有例外，比方約瑟，但那是極為罕見的情況。野蠻人吃牛肉，而牛是神聖的動物，綿羊也是，在任何狀況下都不能拿來食用。因此，對一個頭腦清楚、舉止得宜的埃及人來說，希伯來人令人反感）。

十一個兄弟們與約瑟一起享用佳餚和美酒。宴席上有一壺壺的愛爾啤酒（ale）、拉格啤酒（lager）和斯陶特黑啤酒（stout），酒侍來回穿梭，從最好的骨董酒壺裡倒出晶瑩的酒液。開胃菜是石榴汁烤豬肉（「符合猶太教規的飲食」的概念要再過四百年才出現），在那之後，有一道海鮮，是生蠔、烤龍蝦和六種魚肉佐芥末及白酒醬汁，然後主菜是烤鵝、鷓鴣、鹿肉，加上穀糧和蔬菜，接著是水果、冰品、二十四種點心、餐後甜酒、白蘭地和利口酒。

盛宴的豪華程度超過兄弟們的理解。十一個兄弟中，只有猶大和便雅憫表現比較

節制，其他大多數人都狼吞虎嚥，喝得爛醉，說笑的同時也放聲大笑，隔著餐桌互相扔擲撕成小塊的麵包，毫不注意樂手和跳舞女郎，也沒理會另一桌身著華服的埃及貴族對他們投以毫不掩飾的輕蔑目光。

銀杯

在宴會結束後，兄弟們舒適地安歇在客房裡，約瑟對他的管家說：「把糧食裝滿這些人的袋子，將我的銀杯放在那年紀最小的少年人的袋子裡。」

約瑟要做的這件事，重點是挑選有價值的物品，而對埃及人來說，沒有什麼能比占卜用的杯子更貴重了。約瑟不相信占卜，但是埃及每個人都深信不疑。如同其他靈媒或巫術的派別，占卜學也有學校、上百本教科書和自信滿滿的專家，共有三個主要流派：油學、酒學及水學，關於這三種方式的有效論述，可以追溯至數千年前的早期王朝（約瑟見過來自三個學派的專家，在法老面前振振有詞，使用模稜兩可的方法來預言，也同樣以模稜兩可的方式宣告失敗）。

在極少數的場合，當約瑟知道自己的某個決定會招致普遍的反抗，他會利用這種迷信來為自己的政治操作加分。他買了一個古老的占卜杯，這是一位銀匠的頂級藝術之作，來自一個歷經數世紀的祭司王朝。遇到這種時候，他會按規定在杯裡注入一定

比例的酒，再注入一定比例的油，肅穆地凝視酒與油混合的圖案，然後對焦急的權貴人士鄭重宣布他的結論。

但是，你可能覺得好奇，為什麼這齣戲要繞著這個杯子走？為什麼約瑟不在大堂或是在筵席上對他的兄弟們揭曉自己的的身分？他真的需要用這種方式去考驗他們，把他們推到絕望的邊緣嗎？

假如你把整件事攤開來看，你就會瞭解，我們的故事有了這個試驗後，結局會多麼令人滿意。約瑟是事件的藝術家，他出於直覺而做的這個試驗，既符合美學也符合道德。他不想要一知半解、半生不熟的接納。

假如他的兄弟們仍舊無知無覺、冷酷無情，他會想要知道。但是，假如他們已經改變、已經懺悔了，那他們悔悟的程度又是到哪裡？假如便雅憫陷入道德危機，他們會作何反應？他們會替他辯護嗎？或是他們寧願再次使自己的父親心碎？

這個試驗不只是為了他，也是為了他們所有人。這會給他們一個機會，去向他們自己、也向他揭露內心的真實面貌。對自己所作所為真心感到抱歉的人，以及內心仍舊因為嫉妒和怨恨而僵化的人，兩者自我揭露的內容將完全不同。

找到了！

破曉時刻，在男人們帶著驢子出發之後，約瑟對他的管家說：「你趕快去追那些人，當你追上的時候，就問他們：『你們為什麼以惡報善？為什麼偷走我主人的銀杯呢？那是他占卜用的銀杯，能夠看穿隱藏的謊言！』」

約瑟很清楚因果效應，就某方面來說，他的確能看見隱藏的東西（當然，這與銀杯無關）。為了逐漸加重他施加在兄弟身上的壓力，他刻意借用靈媒占卜之力當作說詞。這是整齣戲的高潮。他全心全意地想要他的兄弟們通過試驗。

管家帶了十二名護衛。當他趕上十一個兄弟，他複述了約瑟的話。

流便說：「先生，您怎麼能指控我們做這種事？」

「太過分了！」利未大吼：「你怎麼敢這樣說！」他朝管家向前一步，但西緬抓住他的手臂，把他拉回去。

猶大說：「先生，你知道，我們上次在袋子裡發現的那些錢，也從迦南帶來奉還。

這難道不是證明了我們的誠實嗎？我們怎麼會偷走你主人家裡的金銀呢？」

眾人交頭接耳，一致同意。

「無論你在誰的袋子裡找到這個酒杯，」流便說：「那人就該死，其餘的人也願意作你主人的奴隸。」

管家嚴肅地點頭。「你的提議很公平，」他說：「就照你們的話做吧！但是，我只要偷走酒杯的人留下作我的奴隸，其餘的可以自由回去。」

所有人很快地取下自己的袋子打開。管家搜索了所有的袋子，在便雅憫的袋子裡找到銀杯。

怎麼會？是誰？為什麼？

沒有一個兄弟知道答案，只有便雅憫知道。他們的心在懷疑和確信之間擺盪。他真的有可能做這種事嗎？沒有。或者有。他怎麼能做這種事，讓他們陷入麻煩？假如這是他的錯，也許他們應該把他留在這裡，但那會要了他們父親的命。不過，他們也沒有別的選擇了。或者，是不是神把銀杯和錢放在他們的袋子裡？無論如何，事情就是發生了，而這意味著災難。

流便想要忍住，不讓內心的話洩露半分。猶大比其他人更感到震驚，他向他父親鄭重發過誓，一定會把這個弟弟平安帶回去，但此刻他沒有任何方式去信守這個承諾。

當然，對便雅憫而言，沒有偷竊不偷竊的問題。他思考著。否認偷竊沒有好事，因為證據很清楚，這會使他成為一個說謊者。他知道，當你沒有任何有用的話可以說的時候，你最好保持沉默。

這可能是神的作為，也可能是凡人所為。如果是人，不可能是他的哥哥們。那會是誰？埃及人全都聽令於宰相大人，而他似乎對自己表達了特殊的偏愛。那麼，事情到最後可能和宰相大人有關。

但是，他為什麼要對他們所有人開這麼惡劣的玩笑？是要把他們變成他的奴僕嗎？便雅憫不相信。宰相大人看起來是個行事得體、慷慨大方的人，如果他知道扣留便雅憫會要了他們父親的命，他永遠不會做這件事。

那麼，他為什麼要這樣做？

猶大的反思

約瑟府邸的大堂裡，滿是貴族顯要和政府官員，不少書記拿著等候簽名的文件匆匆地來來去去。宰相的兩位持扇人分別站在約瑟寶座的左右兩旁，高高舉著黑白相間的鴕鳥毛扇。持扇人的功用純粹是儀式性，即使是在這樣溫暖的日子裡，要他們真正揮動扇子也是有失尊嚴的。

十一個兄弟既害怕又沮喪，被一隊護衛押進大堂。當他們進到約瑟寶座所在高台的二十五英呎內，他們停下來，在約瑟面前俯伏於地，掌心和額頭貼在冰冷的大理石地板上。官員和權貴們一臉厭惡地看著他們，掩嘴偷笑，四周竊竊私語。

「你們做了什麼呢？」約瑟說。傳譯官反映出他嚴肅不悅的語調。「你們不曉得我這種地位的人能占卜出你們的行動嗎？」

「大人，我們還有什麼可說的呢？」猶大抬起頭來說話。「我們還能喊冤或辯屈嗎？神已經查出我們的罪孽了。」

猶大認為，否認偷竊一事沒有幫助。銀杯怎麼會進到便雅憫的袋子——無論是超自然力量介入，或是便雅憫突然失去理智——已經不重要了，儘管，在所有士兵站著看守餐桌四周的狀況下，便雅憫要怎樣靠近銀杯，實在超乎猶大所能理解的範圍。他相信他們在這件罪行上是清白的，但他們並非無辜之人。超過二十年來，他一直在等待另一件罪行的處罰。

神的行事非常奧妙，但祂絕不會粗心大意，祂會慢慢花時間使所有一切趨於平衡。那個平衡遲早都會達成，就像猶大在塔瑪一事上差點犯了致命過錯而突然間學到一課，這件事深深震撼了他。

現在，儘管思考這件偷竊案的可能後果會帶來極大的殺傷力，他卻感覺到有種奇異的解脫感。神一定在此時此刻起了作用。祂在告訴他們，當年他們屈服於自己的嫉妒和憤怒，太不懂事也太過怯懦，不懂得做人的道理。他們攻擊父親最疼愛的兒子，他們怎麼能如此殘忍粗暴，完全不去考慮父親的哀傷？

所以，神再次將他們父親的哀傷擺在他們面前。這次是便雅憫。光想就覺得很可怕。當他們返回家中，他們得重新經歷一次，而這次的情形會更糟。這全是猶大一個人的錯。

「我就是約瑟」

「能請大人允許我們起身嗎？」猶大說。

「可以，沒問題。」約瑟說，優雅地揮一揮右手。傳譯官也同樣揮了揮右手。

「大人，我們來此是作您的奴隸。」在他們全都站起來之後，猶大說：「不只是那個被找到有酒杯的，連我們也都得作您的奴隸。」

「不！」約瑟說：「我絕不做這樣的事。在誰的手中搜出杯子，誰就作我的奴隸；至於你們，可以平平安安回你們父親那裡去。」

雙方的提議沒有達成共識。他們就這樣離開是不可能的事（便雅憫要留下來當奴隸的消息會殺了老人），他們也不可能待在埃及，因為他們要是真的留下，他們的家人全都會餓死。

於是，猶大挨近約瑟，說：「大人，懇求您容許我直率地向你陳情。您跟法老同等，求您別對您的僕人發怒。」

「你說吧。」約瑟說，傾身向前。

「大人，您先前問過我們的家人。我們回答，我們有一位年老的父親，還有一個小弟弟，是父親年老的時候生的。這弟弟的親哥哥死了，他是他們生母留下來唯一的孩子。可是您說：『除非你們把小弟弟一起帶來，否則，不准你們再來見我。』

「我們回到父親那裡，把您的話告訴他，他對我們說：『你們知道，我的妻子拉結只給我生了兩個兒子，其中一個已經離我而去了，我沒有再見過他，他一定是被野獸撕碎了。現在你們要帶這最小的離開我，要是他在路上遇到意外，你們就是讓我白髮蒼蒼、悲悲慘慘地進墳墓了！』」

猶太說罷，停下來幾分鐘。在此同時，約瑟要盡一切努力來抑制淚水從喉嚨和眼睛裡湧出。

「所以，大人，」猶大繼續說：「假如我回到父親身邊，他沒看見他的兒子跟我們一起，他會哀痛欲絕而死，那會是我的錯。我告訴他我會照顧他的兒子。我保證我會把他帶回家。所以大人，我求求您，拜託，讓我代替我的弟弟留在這裡做您的奴隸，讓他和其他人一起離開。假如我的弟弟沒和我回去，我怎能回去見我父親呢？恐怕我就要看見災禍降臨在我父親身上了！」[5]

約瑟再也控制不住自己了。「所有人都離開這裡！」他大吼：「全都出去！」

宰相的持扇人和數十位主要官員首先告退。接著，是五十名總督和各部門大臣，一個個提著鴕鳥皮做成的公事包，裡頭裝滿工作用的紙卷。最後離開的是三百名文士、傳令官及小廝，他們全都往前門擠去，涼鞋帶起一陣沙沙聲。幾個無法控制好奇心的人，出去的時候偷偷回頭看，瞧見約瑟站在寶座右邊，默默留著淚；他們很快把頭轉向前，被後面的人推著往前門走。

所以，當約瑟向兄弟們揭露自己的身分時，沒有其他人在他面前。但有許多埃及人站在門外，豎起耳朵傾聽。

「阿尼優瑟夫（Ani Yosef，意為「我就是約瑟」）。」他說。這是他將近二十二年來第一次說希伯來語。

這段日子以來，他一次都沒聽過自己的名字。這個名字一次次在他心裡掀起無以名狀的情感、聲音和氣味：他的母親將他擁入懷裡時對他唱歌的聲音；他父親祝福他

5 革尼撒勒織工許木埃爾拉比（Rabbi Shmuel the Weaver of Gennesaret）說：「因為猶大愛父親勝過他自己，於是他變成受苦的僕人。正如聖經所述：『他卻擔當多人的罪，又為罪犯代求。』」（以賽亞書53章12節）

時，手掌在他前額所留下的觸感——回憶突然如此鮮明，往下深探，從他心裡深處抽出淚水。

一開始，他的雙眼因為盈滿水霧而看不清他的兄弟們，過了半晌，才有辦法好好地端詳他們——驚嚇、無法理解、恐懼。

他得更進一步說明才行。

目瞪口呆

「父親還健在嗎？」約瑟問道（他說希伯來語的時候，帶著些許埃及腔）。

兄弟們沒有回答。剛才發生的事太不可能、也太不可置信了。偉大的宰相怎麼可能說自己是他們的兄弟？他是在試探他們嗎？還是在開玩笑？他瘋了嗎？他是怎麼學會他們卑微的語言？

他們心裡盤旋著無法回答的問題。他們全都目瞪口呆，只能盯著約瑟看。

「請你們靠近一點，」約瑟說。當他們走上前，他說：「我就是被你們賣到埃及的弟弟約瑟。」

第六部

寬恕之道

The Way of Forgiveness

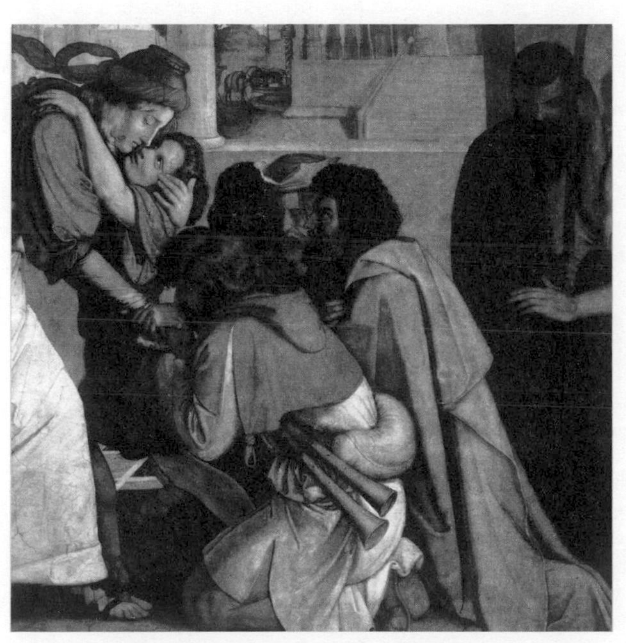

不責備

首先，他必須向他們證實他的身分，所以要先說出他們的罪行。除了他，還有誰知道？他希望不要誇大或是減輕他們的罪行，而是照實說出，不帶批判，然後繼續進行下去。

接下來，要讓這幾個飽受驚嚇的男人知道他已經寬恕了他們，他既不憤怒也不怨恨，對那件事沒有任何情緒殘存，他站在他們面前，內心坦蕩。事實上，對於他所經歷的事，「寬恕」並非精準的字眼，因為這個詞暗示了一個寬宏大量的「我」，將某樣東西給不怎麼值得的「你」。完全不是這麼一回事。

他沒有允諾任何事，甚至也沒有任何行動。他明白他的哥哥們有罪，但他也看見罪惡裡的無罪之處。他已經瞭解，真正的寬恕，是領悟「沒有事情需要寬恕」。他的哥哥們只是不知道自己在做什麼。考量他們當時激動澎湃的情緒，他們除了這個什麼也做不了。

「現在，別煩惱了，」約瑟繼續說：「也不要自責把我賣掉。」他停頓了一下。他無法將這個層次的寬恕傳遞給他的哥哥們（或是任何一個人），他們得為了自己去發現自身的無罪之處。他能做的最多就是暗示、建議他們跟隨他的腳步與想法。

假如身為受害人的他都沒有責怪他們，他們又何必自責？他曉得這種安慰的用處不大。他的哥哥們一定會責怪自己，直到他們的心平緩下來，看清楚整個大局的框架，他們才能瞭解自己犯下的罪行、看見自己的無罪之處。在此同時，他們也一定會對自己感到難過和憤怒，為了那些既不能收回、也改變不了的過去，而使他們飽受不必要的折磨。

還有最後一件能幫助他們瞭解的事。「神差派我先到這裡來，是為了保全大家的性命。」他說。

既然他們全都相信神有力量去做祂想做的事（至少，約瑟假設他們相信，既然他們都是他父親的兒子），那他們或許就能明白，這個世界上沒有什麼事是意外，一切都是依照神的旨意而發生的；所有發生的事，無論乍看之下是好、是壞，都注定要發生，也已經發生——儘管未來有無限可能，過去卻只有一個。

因此，他被賣到埃及是因為神的旨意。他們不能不同意這點，因為這是再清楚不

過的事實。他們怎麼能為了他們無法控制的事而自責？到頭來，把他扔進井裡的不是他們，是神。把他賣到埃及的不是他們，是神。神是這齣戲裡唯一的創造者，他們只是祂的工具、祂的演員。他們的罪行為他們所有人帶來了好處，儘管那並非他們的本意。所以，沒什麼好責罵他們的。長遠來看，他們為了報復所做的事，其實是個祝福。實際上，沒有什麼是透過恐懼之心過濾而來的。即使是最痛苦的經驗，最後也會變成純然的恩典。

「這地方的饑荒到現在才兩年，」約瑟說：「還有五年不能耕種，也不會有收成。為了要保存你們和你們的後代，神差派我先到這裡來，祂使我成為法老的最高官員，作埃及的宰相，治理全國，用這方法解救你們。這樣看來，差使我來這裡的不是你們，而是神。」

兄弟們個個目瞪口呆，彷彿陷入恍惚之中。

「快回到我們父親的身邊吧。」約瑟繼續說：「告訴他，他的兒子約瑟這樣說：『神立了我作埃及全國的宰相，請你不要耽延，趕快到我這裡來。你要帶你的兒女、孫兒、牛羊和一切所有的，到歌珊（哥笙）附近住下，離我不遠，這樣，我就可以奉養你。因為還會有五年的饑荒，我不願看見你全家和牲畜都餓死，也不願看見你的一切所有都陷於貧乏。』」

他們似乎終於從恍惚狀態中回過神來，至少，有些人同意而點頭了。猶大說：「大人，我們會轉告他。」

「現在，你們跟我的弟弟便雅憫都親眼看見了，」約瑟說：「我真的是約瑟，也是我親口向你們說這些話的。你們要告訴父親，我在埃及有很大權力，也要向他報告你們親眼看見的一切。你們要趕快接他到這裡來。」

「是的，大人。」猶大說。

約瑟認為，食糧是眼下最要緊的事，必須盡快餵飽他的家人們，帶到歌珊來。雅各聽到這個消息會震驚不已、難以置信，但是，等他聽了兒子們述說這場驚奇會面的細節，他就會明白。到時，他也會看到豐富華美的禮物。

歌珊不是埃及那種純粹而令人生畏的富麗堂皇，對雅各來說比較容易接受。所以等饑荒結束，雅各可以住在與迦南相似的環境裡：綠草如茵的牧草地，有充足水源。這個地方從他的府邸過來只要一天的時間，距離夠近，他們想見面就能常常見面。

然後約瑟張開雙臂，去擁抱他的弟弟便雅憫，流下眼淚，便雅憫也跟著哭了。

新的開始

約瑟內心洋溢著滿滿的愛，不只是為了便雅憫，也為了他們所有人——十一個兄弟們。

在他年紀還很小的時候，在他心裡還沒建立起對這個世界的評判之前，他對親生兄弟們的感受就是如此。現在他們所有的歷史已經抹淨，他感覺重獲新生，得到淨化，洗得比雪更加白淨，彷彿他與他們的整個生命已經從頭開始。

這些親愛的人，他們所有人，臉上顯露疲憊、困惑、幾乎無法理解的神情，身上散發恐懼的味道：他們多美好啊，他們每一個人！他得大笑一場才行（因為這太可笑了），笑他自己年輕時的傲慢，認為他的兄弟們粗俗愚笨，這種評斷只不過是映照了他自己當時的粗俗愚笨。

但是，在這點上原諒自己是很容易的，因為他一直以來就跟他們一樣清白無罪，一樣對整個大局的因果效應毫無所知。他只看到他們的外在，他從來沒有想過、甚至也沒有能力，在他淺薄的認知之下，去瞭解他們的真實樣貌。

他從一個人走到另一個人跟前，注視他們的雙眼，把每一個人抱在懷裡：親愛的猶大。但。以前曾經跟鹿一樣敏捷的拿弗他利。迦得。以薩迦。西緬和利未這兩個火爆浪子。亞設。西布倫。

他最後擁抱的哥哥是流便，在所有兄弟之中，流便年紀最長、個子最高，他的身軀和樹幹一樣粗壯，他的目光透過深層哀傷看向他。對約瑟而言，他也是那般美好。

法老給予同意

關於約瑟兄弟的消息傳到法老耳裡，他很高興。

一般來說，讓骯髒的野蠻牧羊人穿過邊境、進入黑色之地，這樣的想法他可是會立刻彈指揮開。但是，撒發那特·巴內亞對他個人、對他所有子民來說都是救星，為了取悅他，沒有什麼事是法老不願去做的。他賞他大筆財富及榮譽，賜予他一位璀璨如寶石的妻子，並且聽從他的各種建議，彷彿撒發那特·巴內亞是從天上神界降臨凡間的天神。

所以，當法老聽說撒發那特·巴內亞的兄弟到來，而撒發那特·巴內亞邀請他們、父親以及所有家人一起住在歌珊，他立刻同意了。儘管他們是外邦的野蠻人，他還是很高興看到他的宰相與他摯愛的家人團圓，如果撒發那特·巴內亞的鼻子能忍受他們身上臭味的話，那就祝他好運了。

有傳言說，他甚至在他兄弟的懷裡哭泣——法老難以相信這個叫人吃驚的場面，因為即便是在情勢緊張之際，撒發那特・巴內亞也仍舊以他的沉著冷靜著稱。人們說他用野蠻人的語言跟他們說話，聽起來像是一連串的吠叫和噴氣（假如有人逼自己想像那是人類發出的聲音，他會說那是清喉嚨的聲音）。法老心想，對撒發那特・巴內亞來說，這絕對是出於憐憫的行為，因為他只要找個翻譯來，就能解除自己得這麼說話的窘境。他以禮數周到著稱，因此每個人不論社會階級為何，在他身邊都能輕鬆自在。他只在面對有錢有勢之人的時候，會改變聲調，跟權貴在一起的時候，他的嚴厲會披上優雅的辭令外衣，和短刀一樣致命。

就這樣吧，讓整個家族都來吧。讓他們一家大團圓，開開心心在一起。他們能有多少人呢？

回到迦南

法老遣人捎了一封信給約瑟。薄薄的莎草紙被捲起後，繫上紅色絲帶固定，蓋上皇室聖甲蟲印記的紫色封蠟。

致賢卿，撒發那特．巴內亞、王室璽印持有者、法老之父與摯友、糧倉監督者、王室傳令首席、兩地主宰之右手：

你吩咐你的弟兄們，盡快將父親和你們的眷屬都搬到我這裡來。我們將提供他們一切所需。告訴他們不要愛惜他們的家具，因為埃及全地的美物都是他們的。

約瑟給他們馬車和充沛的補給品，送給他父親四十匹驢子，馱著滿滿的糧食、麵包和給他父親路上用的食物。他給兄弟們每人一套華美裝飾的袍子、一包裝滿銀子的羊皮袋。

起先，他很想給便雅憫五套華美的袍子和三倍的銀子，但在他思考片刻之後，對這個想法的愚蠢微笑以對。

約瑟還活著

當兄弟們返回迦南，已是傍晚時分。西布倫從驢子上一躍而下，跑向雅各的帳篷。「父親，父親！」他大喊：「快到外面來。我們有給每個人的食物，還有好消息要分享！」

雅各站起來，隨著西布倫一起走到外面。另外十個兒子全擠在帳篷門口。

「約瑟還活著！」西緬大喊，其他人興奮地齊聲說是。

「他還活著！我們看到他了！」亞設說。

「不只這樣，」猶大說，他握住雅各的手，輕柔撫摸，「他當了埃及全地的宰相。」

「是真的，父親。」便雅憫說。

雅各看著他們，表情像是他們全都是瘋子。他們在說什麼？這是不可能的事。人死了怎麼可能復生？這是什麼殘忍的笑話？他想起另一件多年前的事：沾了血的衣服，約瑟被野獸撕碎，那個美麗的年輕軀體被撕裂並遭吞噬（那幅景象不曾從他腦海中離開）。這怎麼可能沒發生過？難道全都是一場夢？現在兒子們告訴他的故事也是一個夢？生命終將成為死亡，死亡卻無法成為生命。難道真的可以如此轉換，就像種子埋在地底，變成一根綠色的莖？啊，但這個比喻是錯的，種子並沒有死亡，只是處於休眠狀態，它的生命以一種較緩慢的形式持續。

儘管如此，他們說約瑟還活著，還當了埃及全地的宰相，是位高權重的大人。這有可能是真的嗎？他們全都認得他，他們全都跟他說了話。眼前這富麗壯觀的一切——華美裝飾的袍子，每一件都跟他送給約瑟的彩衣一樣華麗耀眼，袋子裡裝滿了銀子，驢子上馱著豐盛的穀糧——必定是從某個地方運來的，不是嗎？他看得見也摸得著。至少，這一切不是夢。

「相信他們。」他心裡的聲音這麼說。他的心漸漸平復下來。可能是真的。雖然這是奢望，但可能是真的。

他驚喜交集地想：「我的兒子約瑟還在，趁我沒死以前，我要去見他一面。」

祕密

十兄弟無法坦承自己的罪行。他們在返回迦南的路上討論，在旅途的第二天晚上，眾人筋疲力竭、討論沒有結果，而便雅憫已經熟睡。他們沒有一個人能以實情面對雅各。他們想像著告訴他的情景，但這太可怕了，令人無法思考。

流便說：「我們可以告訴他，我們只是不知道，說我們找到外袍，以為有野獸吃了約瑟。」

「只要約瑟一跟父親說話，馬上就穿幫了。」但說。

「沒錯，」猶大說：「而且說謊只會在我們的罪行上再添一樁。」

所以他們決定什麼都不說。

便雅憫、雅各的小妾與孫子們達成他們自己的結論：約瑟遭到獅子或野狼攻擊，但奇蹟似地生還，並且去到埃及。這個故事有可信度，看不出哪裡有說不通的地方。

所以，這就變成了家族裡的事實。利亞有她自己的懷疑，但她將懷疑深埋在一堆逃避現實的瓦礫之下。

至於雅各，他從來沒想過去質疑這個故事。約瑟活著回來了。他只在乎這件事。

後來，約瑟也沒說什麼去糾正他。如果雅各、便雅憫或其中一名孫子說：「你被野獸攻擊的時候……」約瑟就讓問題過去而不回答。

起先，有人說出這種話的時候，約瑟發現幾個兄弟彼此交換驚恐的神色，但哥哥們很快就知道他保守了他們的可憐祕密，守口如瓶。

前往歌珊地

他們帶著父親、利亞、辟拉、悉帕，以及他們自己的妻兒，搭乘法老贈與的馬車，從希伯崙前往歌珊。奴隸們也跟著一道前往，由以薩迦和西布倫監督，並帶著羊群和牛群一起。

雅各仍舊處於震驚之中。他可以感覺到一絲快樂出現在他心裡，但彷彿是在夢裡看著。他真的敢快樂起來嗎？在第一輛馬車裡，利亞坐在他旁邊，握著他的手，鼓勵他要相信兒子們跟他說的話。他知道，至少饑荒的威脅已經解除，他們現在全都吃飽喝足了。

小孫子們對於這趟冒險旅程充滿興奮之情。雅各心想，他真的要去見約瑟了嗎？在他們抵達埃及之前，他能不能活下來，不會因為心情過度激動而喪命？偶爾，在馬車行駛途中，他發現自己在心裡跟拉結說話：「親愛的，約瑟還活著。你跟我，我們要去見他了。我們要在他面前臣服下拜，我們所有人——太陽、月亮、星星，就像他以前說過我們會做的那樣。」

在第七天，約瑟出發前往歌珊，去迎接他們。及至見了面，他跳下馬車，奔向父親面前。

老人身體看起來大不如前，非常虛弱。當約瑟站在老人面前，淚水湧出約瑟的雙眼，他擁抱他，開始哭泣——因為喜悅而發出的深重啜泣，哭得全身顫抖，這也是一口悲傷之井。

雅各也哽咽了。這是一個出於他想像之外的圓滿結局。他見到他摯愛的兒子。這就夠了，太足夠了。即使他能再活一百年，他的餘生也將是不必要的恩典賜予他的多餘禮物。

憐憫

他們在歌珊安頓下來，展開新生活。

約瑟看得出來，十兄弟仍然因為罪惡感的負擔而掙扎不已。他們在他身邊似乎心懷畏懼，或者至少是小心翼翼。顯然他們住在自我審判的痛苦世界裡，認為他是法官、神也是法官。因為他們無法原諒自己，便認為他還沒有原諒他們，即便他的所作所為都充滿感情、慷慨大方。

他們看不見他的真實樣貌，他也無法期待他們能夠看見。他們只能用他們自身被罪惡和恐懼所屏障的眼睛去看待他。在約瑟的世界裡，他們雖然有罪，卻也都純潔無辜；在他們的世界裡，他們明明可以有完全不同的行動，但刻意選擇了邪惡的事。在約瑟的世界，他愛他們；在他們的世界，他鄙視他們，並且是個偽善者，等著他們的父親一死，就對他們施加可怕的懲罰。

就連猶大也困在這種難以承受的罪惡感裡。約瑟明白，活在這種只有善與惡的內心世界，會有多麼痛苦，因為人們相信：在這個世界，神是以人的所作所為來獎賞或懲罰，即便那些行為是他們身不由己也一樣。

過了兩個月之後，十兄弟去約瑟的府邸拜訪他，留下雅各和便雅憫待在歌珊。管家引領他們進到大堂。約瑟看見他們個個面露苦惱，便請廳裡的埃及人離開。

猶大再次擔任十兄弟的發言人。「我們懇求您原諒我們多年前對您所做的事，」他說：「我們真的很抱歉。」

所有人全都喃喃表示同意，並且在他面前伏在地上。

一切正如約瑟所料。他們來此請求原諒，顯示十兄弟對整件事與大局知之甚少，但這是一個很好的徵兆，代表救贖的過程仍在持續。他得對他們非常溫和才行，他會把他們當成自己的孩子般跟他們說話。

「不要害怕，」他說：「我豈是帶來一切發生之事的神？我當然原諒你們。很久以前我便已經原諒你們了。況且，你們本來是想害我，但是神卻化惡為善，為的是要保全許多人的性命；因為從前發生的那些事，才有今日的光景。你們不要害怕，我一定會照顧你們和你們的兒女。」

他使用了他所能想到最清楚易懂的語言，但要解釋這件事，彷彿是想在二次元平面上畫出三次元立體影像那般困難。他說神化惡為善，這點十兄弟的心可以領會，但實際上，事情並非如此。

他們所做的事對所有人來說，都是不仁慈而且痛苦的，這沒有錯，但這件事無法自絕於一連串事件的完整框架之外。如果你將之分離出去、從時間的洪流裡挑出來，你就是竄改了這件事。這件事從來就沒有單獨存在過，從來就不是從動態整體（dynamic whole）所分離出來的獨立事件。所以你要怎麼稱之為邪惡？事實上，神沒有把一切視為邪惡。一切都依照祂的旨意發生，在人世和天堂都一樣。對神來說，一切都甚好，正如祂在創世第六天時所說的。[1]

長期以來的經驗讓約瑟知道，心靈可以在第六天的覺察中找到自己的適當平衡。從那裡，心靈進入安息日，傳遞所有理解的寧靜。[2]這十兄弟，在他們目前倍感罪惡的狀態下，要怎麼嘗試去理解約瑟對一切發生之事——甚至是他待在枯井裡的那幾個小時（或是幾天？）全身傷痕累累，口渴得像是喉嚨在燒，因為自己的排泄物而渾身發臭，並且在驚懼之下失去理智與他寶貴的身分——所感受到的感激之情？

然而，正是這段經歷帶來了如今的圓滿，只要路程上有一步被消除或改變，方向就會偏離，去往比較差的地方。

在這當中，沒有任何一件事是他會去改變的，也沒有任何一件事他會稱之為邪惡——不論是坑洞、監獄，或是毀謗、饑荒、毀滅、死亡。是這所有的一切，導向了眼前的這一刻。

---

1 米吉多的約書亞之子艾萊澤拉比（Rabbi Eliezer bar Yehoshua of Megiddo）說：「當你瞭解神就在你心中，你不會把任何事物都看作邪惡。正如聖經所述：『耶和華已經除去你的刑罰，趕出你的仇敵。以色列的王——耶和華在你中間；你必不再懼怕災禍。』」（西番雅書／索福尼亞3章15節）

2 典出〈腓立比書〉（斐理伯書）4章7節。

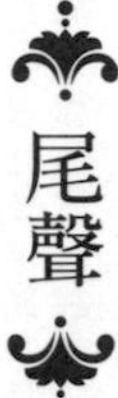

尾聲

於是，約瑟安排他的父親和兄弟們在歌珊定居下來，提供一切生活所需，讓他們過著安穩舒適的生活。

他盡可能經常地探望父親，對兄弟們慷慨大方、有情有義，也照顧他們的妻兒，在每一次危機出現時出手幫忙。他們漸漸開始信任他。

直至約瑟逝世，他都一直深受法老及其繼任者的賞識愛戴，並以他的慈悲與智慧繼續造福全國上下。

歲月流逝。雅各過世之後，約瑟的兩個兒子也紛紛成家立業，孫子們長大成人。過了更多個十年，約瑟優雅地邁入老年。他繼續工作，一直做到過世前最後兩週。然後，他的身體逐漸開始停擺，他便躺上自己的床，等待那一天來臨。他曉得自己已是垂死之人，亞西納也曉得。

他成年之後的人生，一直是活在沒有未來的狀況下，現在也沒有不同。他的內心不受誘惑，不會想著往前一躍，讓心智跳到身體死後可能會（或可能不會）發生的事情上。無論他接下來是處於什麼樣的存在狀態（或者不再存在），他相信都會很好。他不曾質疑創造宇宙一切萬物的神聖智慧，也從不懷疑它會以如此驚人的善意，引領他來到最終這一刻。

他喜歡自己的身體。這副皮囊一直是個忠實夥伴，從不抱怨，即便他給了身體最嚴格的任務，並且逼使身體做到極限。它一直以來盡力做到最好，像是一匹受過精良訓練的馬或是崇拜主人的狗，一直以來都完好地服務他。現在，身體需要停下來休息了，他對此沒有任何異議。

留下他的身分離開，他也不覺得可惜。他曾經享受過這個身分，這個世人稱之為「約瑟」、「梅里阿蒙」或是「撒發那特．巴內亞」，匯聚了思想和熱情的集合體。他不只是享受了這個身分，也對它非常尊重，它知道何時該主張自己、何時該讓開，將自己交託給不可言明的那一位。

使用這個身分的種種時刻，他沒有留下任何痕跡。這是一艘透明船、一種工具，他很高興有機會派上用場。然而，他已經準備好離開這個備受珍惜的身分了，連同他的整個世界，甚至是他的孩子，以及他無盡的摯愛亞西納。他沒有懊悔。沒有什麼是他還有所企望的，也沒有什麼是他還沒有做好的。一切都已經完成，就像一首悠長的樂曲，終於來到最後的和弦。

在最後一天，他和亞西納彼此凝視。兩人的眼裡既沒有恐懼也沒有哀傷，只有愛。

致謝

我要感謝約翰・塔倫特（John Tarrant）及卡洛・威廉斯（Carol Williams），他們對本書初稿的建議深具洞見，感謝保羅・奧斯特（Paul Auster），他的意見幫助我改善後面的版本。

我的經紀人琳達・洛溫瑟（Linda Loewenthal）打開我的雙眼，使我以新的方式去形塑這個故事，以她無微不至的關照審視這份稿子，提出我沒想過的可能性，這延展了我，讓我去超越我明顯的限制。我對她的感激之情溢於言表。

我的編輯喬伊・弗提諾（Joel Fotinos）熱情十足地支持我，我非常感謝他。

也要感謝聖馬丁（St. Martin's）出版社的諸位同仁，尤其要特別向我一絲不苟的文字審稿桑娜・佛歌（Sona Vogel）致謝。

國家圖書館出版品預行編目資料

約瑟與他的兄弟們：一個關於愛、妒忌與寬恕的故事 / 史帝芬・米歇爾（Stephen Mitchell）作 ; 沈曉鈺 譯. -- 初版. -- 臺北市 : 啟示出版 : 家庭傳媒城邦分公司發行, 2020.04
面； 公分. --(Soul系列 ; 55)

譯自 : Joseph and the Way of Forgiveness: A Biblical Tale Retold

ISBN 978-986-98128-5-6 (平裝)

1. .聖經故事

241　　109002320

Soul系列055

約瑟與他的兄弟們：一個關於愛、妒忌與寬恕的故事

作　　者／史帝芬・米歇爾 Stephen Mitchell
譯　　者／沈曉鈺
企畫選書人／彭之琬
總 編 輯／彭之琬
責任編輯／李詠璇

版　　權／黃淑敏、翁靜如、邱珮芸
行銷業務／莊英傑、周佑潔、王瑜、華華
總 經 理／彭之琬
事業群總經理／黃淑貞
發 行 人／何飛鵬
法律顧問／元禾法律事務所 王子文律師
出　　版／啟示出版
臺北市104民生東路二段141號9樓
電話：(02) 25007008　傳真：(02)25007759
E-mail:bwp.service@cite.com.tw
發　　行／英屬蓋曼群島商家庭傳媒股份有限公司城邦分公司
台北市中山區民生東路二段141號2樓
書虫客服服務專線：02-25007718；25007719
服務時間：週一至週五上午09:30-12:00；下午13:30-17:00
24小時傳真專線：02-25001990；25001991
劃撥帳號：19863813；戶名：書虫股份有限公司
讀者服務信箱：service@readingclub.com.tw
城邦讀書花園：www.cite.com.tw
香港發行所／城邦（香港）出版集團
香港灣仔駱克道193號東超商業中心1F E-mail: hkcite@biznetvigator.com
電話：(852) 25086231　傳真：(852) 25789337
馬新發行所／城邦（馬新）出版集團【Cite (M) Sdn Bhd】
41, Jalan Radin Anum, Bandar Baru Sri Petaling, 57000 Kuala Lumpur, Malaysia.
電話：(603) 90578822　傳真：(603) 90576622
Email: cite@cite.com.my

封面設計／李東記
排　　版／極翔企業有限公司
印　　刷／韋懋印刷事業有限公司

■2020年4月7 日初版　　Printed in Taiwan

定價350元

城邦讀書花園
www.cite.com.tw

 ISBN 978-986-98128-5-6